心一堂術數古籍珍本叢刊

書名：批注地理辨正直解
系列：心一堂術數古籍珍本叢刊　堪輿類　無常派玄空珍秘　第二輯　197
作者：【清】蔣大鴻原著、【清】章仲山直解、【清】宋伯魯批注
主編、責任編輯：陳劍聰
心一堂術數古籍珍本叢刊編校小組：陳劍聰　素聞　梁松盛　鄒偉才　虛白盧主

出版：心一堂有限公司
通訊地址：香港九龍旺角彌敦道六一〇號荷李活商業中心十八樓〇五—〇六室
深港讀者服務中心·中國深圳市羅湖區立新路六號羅湖商業大廈負一層〇〇八室
電話號碼：(852)67150840
網址：publish.sunyata.cc
電郵：sunyatabook@gmail.com
網店：http://book.sunyata.cc
淘寶店地址：https://shop210782774.taobao.com
微店地址：https://weidian.com/s/1212826297
臉書：https://www.facebook.com/sunyatabook
讀者論壇：http://bbs.sunyata.cc/

版次：二零一七年九月初版
平裝

定價：港幣　三百八十八元正
　　　新台幣　一千四百八十八元正

國際書號：ISBN 978-988-8317-78-3

香港發行：香港聯合書刊物流有限公司
地址：香港新界大埔汀麗路36號中華商務印刷大廈3樓
電話號碼：(852)2150-2100
傳真號碼：(852)2407-3062
電郵：info@suplogistics.com.hk

台灣發行：秀威資訊科技股份有限公司
地址：台灣台北市內湖區瑞光路七十六巷六十五號一樓
電話號碼：+886-2-2796-3638
傳真號碼：+886-2-2796-1377
網絡書店：www.bodbooks.com.tw
台灣國家書店讀者服務中心：
地址：台灣台北市中山區松江路二〇九號一樓
電話號碼：+886-2-2518-0207
傳真號碼：+886-2-2518-0778
網絡書店：http://www.govbooks.com.tw

中國大陸發行　零售：深圳心一堂文化傳播有限公司
深圳地址：深圳市羅湖區立新路六號羅湖商業大廈負一層〇〇八室
電話號碼：(86)0755-82224934

心一堂微店二維碼

心一堂淘寶店二維碼

心一堂術數古籍 珍本 整理 叢刊 總序

術數定義

術數，大概可謂以「推算（推演）、預測人（個人、群體、國家等）、事、物、自然現象、時間、空間方位等規律及氣數，並或通過種種『方術』，從而達致趨吉避凶或某種特定目的」之知識體系和方法。

術數類別

我國術數的內容類別，歷代不盡相同，例如《漢書·藝文志》中載，漢代術數有六類：天文、曆譜、五行、蓍龜、雜占、形法。至清代《四庫全書》，術數類則有：數學、占候、相宅相墓、占卜、命書、相書、陰陽五行、雜技術等，其他如《後漢書·方術部》、《藝文類聚·方術部》、《太平御覽·方術部》等，對於術數的分類，皆有差異。古代多把天文、曆譜、及部分數學均歸入術數類，而民間流行亦視傳統醫學作為術數的一環；此外，有些術數與宗教中的方術亦往往難以分開。現代民間則常將各種術數歸納為五大類別：命、卜、相、醫、山，通稱「五術」。

本叢刊在《四庫全書》的分類基礎上，將術數分為九大類別：占筮、星命、相術、堪輿、選擇、三式、讖諱、理數（陰陽五行）、雜術（其他）。而未收天文、曆譜、算術、宗教方術、醫學。

術數思想與發展——從術到學，乃至合道

我國術數是由上古的占星、卜筮、形法等術發展下來的。其中卜筮之術，是歷經夏商周三代而通過「龜卜、蓍筮」得出卜（筮）辭的一種預測（吉凶成敗）術，之後歸納並結集成書，此即現傳之《易

經》。經過春秋戰國至秦漢之際，受到當時諸子百家的影響、儒家的推崇，遂有《易傳》等的出現，原本是卜筮術書的《易經》，被提升及解讀成有包涵「天地之道（理）」之學。因此，《易・繫辭傳》曰：「易與天地準，故能彌綸天地之道。」

漢代以後，易學中的陰陽學說，與五行、九宮、干支、氣運、災變、律曆、卦氣、讖緯、天人感應說等相結合，形成易學中象數系統。而其他原與《易經》本來沒有關係的術數，如占星、形法、選擇，亦漸漸以易理（象數學說）為依歸。《四庫全書・易類小序》云：「術數之興，多在秦漢以後。要其旨，不出乎陰陽五行，生尅制化。實皆《易》之支派，傳以雜說耳。」至此，術數可謂已由「術」發展成「學」。

及至宋代，術數理論與理學中的河圖洛書、太極圖、邵雍先天之學及皇極經世等學說給合，通過術數以演繹理學中「天地中有一太極，萬物中各有一太極」（《朱子語類》）的思想。術數理論不單已發展至十分成熟，而且也從其學理中衍生一些新的方法或理論，如《梅花易數》、《河洛理數》等。

在傳統上，術數功能往往不止於僅僅作為趨吉避凶的方術，及「能彌綸天地之道」的學問，亦有其「修心養性」的功能，「與道合一」（修道）的內涵。《素問・上古天真論》：「上古之人，其知道者，法於陰陽，和於術數。」數之意義，不單是外在的算數、歷數、氣數，而是與理學中同等的「道」、「理」--心性的功能，北宋理氣家邵雍對此多有發揮：「聖人之心，是亦數也」、「萬化萬事生乎心」、「心為太極」。《觀物外篇》：「先天之學，心法也。……蓋天地萬物之理，盡在其中矣，心一而不分，則能應萬物。」反過來說，宋代的術數理論，受到當時理學、佛道及宋易影響，認為心性本質上是等同天地之太極。天地萬物氣數規律，能通過內觀自心而有所感知，即是內心也已具備有術數的推演及預測、感知能力；相傳是邵雍所創之《梅花易數》，便是在這樣的背景下誕生。

《易・文言傳》已有「積善之家，必有餘慶；積不善之家，必有餘殃」之說，至漢代流行的災變說及讖緯說，我國數千年來都認為天災，異常天象（自然現象），皆與一國或一地的施政者失德有關；下至家族、個人之盛衰，也都與一族一人之德行修養有關。因此，我國術數中除了吉凶盛衰理數之外，人心的德行修養，也是趨吉避凶的一個關鍵因素。

術數與宗教、修道

在這種思想之下，我國術數不單只是附屬於巫術或宗教行為的方術，又往往是一種宗教的修煉手段--通過術數，以知陰陽，乃至合陰陽（道）。「其知道者，法於陰陽，和於術數。」例如，「奇門遁甲」術中，即分為「術奇門」與「法奇門」兩大類。「法奇門」中有大量道教中符籙、手印、存想、內煉的內容，是道教內丹外法的一種重要外法修煉體系。甚至在雷法一系的修煉上，亦大量應用了術數內容。此外，相術、堪輿術中也有修煉望氣（氣的形狀、顏色）的方法；堪輿家除了選擇陰陽宅之吉凶外，也有道教中選擇適合修道環境（法、財、侶、地中的地）的方法，以至通過堪輿術觀察天地山川陰陽之氣，亦成為領悟陰陽金丹大道的一途。

易學體系以外的術數與的少數民族的術數

我國術數中，也有不用或不全用易理作為其理論依據的，如揚雄的《太玄》、司馬光的《潛虛》。也有一些占卜法、雜術不屬於《易經》系統，不過對後世影響較少而已。

外來宗教及少數民族中也有不少雖受漢文化影響（如陰陽、五行、二十八宿等學說。）但仍自成系統的術數，如古代的西夏、突厥、吐魯番等占卜及星占術，藏族中有多種藏傳佛教占卜術、苯教占卜術、擇吉術、推命術、相術等；北方少數民族有薩滿教占卜術；不少少數民族如水族、白族、布朗族、佤族、彝族、苗族等，皆有占雞（卦）草卜、雞蛋卜等術，納西族的占星術、占卜術，彝族畢摩的推命術、占卜術……等等，都是屬於《易經》體系以外的術數。相對上，外國傳入的術數以及其理論，對我國術數影響更大。

曆法、推步術與外來術數的影響

我國的術數與曆法的關係非常緊密。早期的術數中，很多是利用星宿或星宿組合的位置（如某星在某州或某宮某度）付予某種吉凶意義，并據之以推演，例如歲星（木星）、月將（某月太陽所躔之宮次）等。不過，由於不同的古代曆法推步的誤差及歲差的問題，若干年後，其術數所用之星辰的位置，已與真實星辰的位置不一樣了；此如歲星（木星），早期的曆法及術數以十二年為一周期（以應地支），與木星真實周期十一點八六年，每幾十年便錯一宮。後來術家又設一「太歲」的假想星體來解決，是歲星運行的相反，週期亦剛好是十二年。而術數中的神煞，很多即是根據太歲的位置而定。又如六壬術中的「月將」，原是立春節氣後太陽躔娵訾之次而稱作「登明亥將」，至宋代，因歲差的關係，要到雨水節氣後太陽才躔娵訾之次，當時沈括提出了修正，但明清時六壬術中「月將」仍然沿用宋代沈括修正的起法沒有再修正。

由於以真實星象周期的推步術是非常繁複，而且古代星象推步術本身亦有不少誤差，大多數術數除依曆書保留了太陽（節氣）、太陰（月相）的簡單宮次計算外，漸漸形成根據干支、日月等的各自起例，以起出其他具有不同含義的眾多假想星象及神煞系統。唐宋以後，我國絕大部分術數都主要沿用這一系統，也出現了不少完全脫離真實星象的術數，如《子平術》、《紫微斗數》、《鐵版神數》等。後來就連一些利用真實星辰位置的術數，如《七政四餘術》及選擇法中的《天星選擇》，也已與假想星象及神煞混合而使用了。

隨着古代外國曆（推步）、術數的傳入，如唐代傳入的印度曆法及術數，元代傳入的回回曆等，其中我國占星術便吸收了印度占星術中羅睺星、計都星等而形成四餘星，又通過阿拉伯占星術而吸收了其中來自希臘、巴比倫占星術的黃道十二宮、四大（四元素）學說（地、水、火、風），並與我國傳統的二十八宿、五行說、神煞系統並存而形成《七政四餘術》。此外，一些術數中的北斗星名，不用我國傳統的星名：天樞、天璇、天璣、天權、玉衡、開陽、搖光，而是使用來自印度梵文所譯的：貪狼、巨門、祿存、文曲，廉貞、武曲、破軍等，此明顯是受到唐代從印度傳入的曆法及占星術所影響。如星命術中的《紫微斗數》及堪輿術中的《撼龍經》等文獻中，其星皆用印度譯名。及至清初《時憲曆》，置閏之法則改用西法「定氣」。清代以後的術數，又作過不少的調整。

此外，我國相術中的面相術、手相術，唐宋之際受印度相術影響頗大，至民國初年，又通過翻譯歐西、日本的相術書籍而大量吸收歐西相術的內容，形成了現代我國坊間流行的新式相術。

陰陽學——術數在古代、官方管理及外國的影響

術數在古代社會中一直扮演着一個非常重要的角色，影響層面不單只是某一階層、某一職業、某一年齡的人，而是上自帝王，下至普通百姓，從出生到死亡，不論是生活上的小事如洗髮、出行等，大事如建房、入伙、出兵等，從個人、家族以至國家，從天文、氣象、地理到人事、軍事，從民俗、學術到宗教，都離不開術數的應用。我國最晚在唐代開始，已把以上術數之學，稱作陰陽（學），行術數者稱陰陽人。（敦煌文書、斯四三二七唐《師師漫語話》：「以下說陰陽人謾語話」，此說法後來傳入日本，今日本人稱行術數者為「陰陽師」）。一直到了清末，欽天監中負責陰陽術數的官員中，以及民間術數之士，仍名陰陽生。

古代政府的中欽天監（司天監），除了負責天文、曆法、輿地之外，亦精通其他如星占、選擇、堪輿等術數，除在皇室人員及朝庭中應用外，也定期頒行日書、修定術數，使民間對於天文、日曆用事吉凶及使用其他術數時，有所依從。

我國古代政府對官方及民間陰陽學及陰陽官員，從其內容、人員的選拔、培訓、認證、考核、律法監管等，都有制度。至明清兩代，其制度更為完善、嚴格。

宋代官學之中，課程中已有陰陽學及其考試的內容。（宋徽宗崇寧三年〔一一零四年〕崇寧算學令：「諸學生習……並曆算、三式、天文書。」「諸試……三式即射覆及預占三日陰陽風雨。天文即預

定一月或一季分野災祥，並以依經備草合問為通。」

金代司天臺，從民間「草澤人」（即民間習術數人士）考試選拔：「其試之制，以《宣明曆》試推步，及《婚書》、《地理新書》試合婚、安葬，並《易》筮法，六壬課、三命、五星之術。」（《金史》卷五十一・志第三十二・選舉一）

元代為進一步加強官方陰陽學對民間的影響、管理、控制及培育，除沿襲宋代、金代在司天監掌管陰陽學及中央的官學陰陽學課程之外，更在地方上增設陰陽學課程（《元史・選舉志一》：「世祖至元二十八年夏六月始置諸路陰陽學。」）地方上也設陰陽學教授員，培育及管轄地方陰陽人。（《元史・選舉志一》：「（元仁宗）延祐初，令陰陽人依儒醫例，於路、府、州設教授員，凡陰陽人皆管轄之，而上屬於太史焉。」）自此，民間的陰陽術士（陰陽人），被納入官方的管轄之下。

至明清兩代，陰陽學制度更為完善。中央欽天監掌管陰陽學，明代地方縣設陰陽學正術，各州設陰陽學典術，各縣設陰陽學訓術。陰陽人從地方陰陽學肄業或被選拔出來後，再送到欽天監考試。（《大明會典》卷二二三：「凡天下府州縣舉到陰陽人堪任正術等官者，俱從吏部送（欽天監），考中，送回選用；不中者發回原籍為民，原保官吏治罪。」）清代大致沿用明制，凡陰陽術數之流，悉歸中央欽天監及地方陰陽官員管理、培訓、認證。至今尚有「紹興府陰陽印」、「東光縣陰陽學記」等明代銅印，及某某縣某某之清代陰陽執照等傳世。

清代欽天監漏刻科對官員要求甚為嚴格。《大清會典》「國子監」規定：「凡算學之教，設肄業生。滿洲十有二人，蒙古、漢軍各六人，於各旗官學內考取。漢十有二人，於舉人、貢監生童內考取。附學生二十四人，由欽天監選送。教以天文演算法諸書，五年學業有成，舉人引見以欽天監博士用，貢監生童以天文生補用。」學生在官學肄業、貢監生肄業或考得舉人後，經過了五年對天文、算法、陰陽學的學習，其中精通陰陽術數者，會送往漏刻科。而在欽天監供職的官員，《大清會典則例》「欽天監」規定：「本監官生三年考核一次，術業精通者，保題升用。不及者，停其升轉，再加學習。如能黽勉供職，即予開復。仍不及者，降職一等，再令學習三年，能習熟者，准予開復，仍不能者，黜退。」除定期考核以定其升用降職外，《大清律例》中對陰陽術士不準確的推斷（妄言禍福）是要治罪的。《大清律例・一七八・術七・妄言禍福》：「凡陰陽術士，不許於大小文武官員之家妄言禍福，違者杖一百。其依經推算星命卜課，不在禁限。」大小文武官員延請的陰陽術士，自然是以欽天監漏刻科官員或地方陰陽官員為主。

官方陰陽學制度也影響鄰國如朝鮮、日本、越南等地，一直到了民國時期，鄰國仍然沿用着我國的多種術數。而我國的漢族術數，在古代甚至影響遍及西夏、突厥、吐蕃、阿拉伯、印度、東南亞諸國。

術數研究

術數在我國古代社會雖然影響深遠，「是傳統中國理念中的一門科學，從傳統的陰陽、五行、九宮、八卦、河圖、洛書等觀念作大自然的研究。……傳統中國的天文學、數學、煉丹術等，要到上世紀中葉始受世界學者肯定。可是，術數還未受到應得的注意。術數在傳統中國科技史、思想史，文化史、社會史，甚至軍事史都有一定的影響。……更進一步了解術數，我們將更能了解中國歷史的全貌。」（何丙郁《術數、天文與醫學中國科技史的新視野》，香港城市大學中國文化中心。）

可是術數至今一直不受正統學界所重視，加上術家藏秘自珍，又揚言天機不可洩漏，「（術數）乃吾國科學與哲學融貫而成一種學說，數千年來傳衍嬗變，或隱或現，全賴一二有心人為之繼續維繫，賴以不絕，其中確有學術上研究之價值，非徒癡人說夢，荒誕不經之謂也。其所以至今不能在科學中成立一種地位者，實有數因。蓋古代士大夫階級目醫卜星相為九流之學，多恥道之；而發明諸大師又故為惝恍迷離之辭，以待後人探索；間有一二賢者有所發明，亦秘莫如深，既恐洩天地之秘，復恐譏為旁門左道，始終不肯公開研究，成立一有系統說明之書籍，貽之後世。故居今日而欲研究此種學術，實一極困難之事。」（民國徐樂吾《子平真詮評註》，方重審序）

現存的術數古籍，除極少數是唐、宋、元的版本外，絕大多數是明、清兩代的版本。其內容也主要是明、清兩代流行的術數，唐宋或以前的術數及其書籍，大部分均已失傳，只能從史料記載、出土文獻、敦煌遺書中稍窺一鱗半爪。

術數版本

坊間術數古籍版本，大多是晚清書坊之翻刻本及民國書賈之重排本，其中豕亥魚魯，或任意增刪，往往文意全非，以至不能卒讀。現今不論是術數愛好者，還是民俗、史學、社會、文化、版本等學術研究者，要想得一常見術數書籍的善本、原版，已經非常困難，更遑論如稿本、鈔本、孤本等珍稀版本。在文獻不足及缺乏善本的情況下，要想對術數的源流、理法、及其影響，作全面深入的研究，幾不可能。

有見及此，本叢刊編校小組經多年努力及多方協助，在海內外搜羅了二十世紀六十年代以前漢文為主的術數類善本、珍本、鈔本、孤本、稿本、批校本等數百種，精選出其中最佳版本，分別輯入兩個系列：

一、心一堂術數古籍珍本叢刊

二、心一堂術數古籍整理叢刊

前者以最新數碼（數位）技術清理、修復珍本原本的版面，更正明顯的錯訛，部分善本更以原色彩色精印，務求更勝原本。并以每百多種珍本、一百二十冊為一輯，分輯出版，以饗讀者。

後者延請、稿約有關專家、學者，以善本、珍本等作底本，參以其他版本，古籍進行審定、校勘、注釋，務求打造一最善版本，方便現代人閱讀、理解、研究等之用。

限於編校小組的水平，版本選擇及考證、文字修正、提要內容等方面，恐有疏漏及舛誤之處，懇請方家不吝指正。

心一堂術數古籍 珍本 整理 叢刊編校小組

二零零九年七月序

二零一四年九月第三次修訂

雲間蔣杜陵先生訂定

地理辨正直解

錫山章氏增補闡義

可久堂藏板

地理辨正原序

蔣平階撰

通三才之道曰儒故天官地理皆學士家窮理之本業而象緯之學正三統測灾祥屬有國家者之事獨

地理為養生送死生民日用所急孝子慈孫不可以不講宋儒朱蔡諸賢間有發明見於性理書中者班班可考顧僅能敷陳梗槩而未究其精微或者進而求之通都

所布管郭諸書雖其言鑿、而去之逾遠斯其為道顯而隱誠所謂一出非人不傳者耶余少失恃壯失怙先大父安溪公早以形家、之書孜、手授久而後知俗學之非也思窮徑絕乃得無極子之傳於游方之外習其所傳又十年所於星遠溯黃石青烏近考青田幕講彼其言蓋人人殊而厥旨則一且視天下山川土壤雖大荒內外亦如一

也其庶乎地學之正宗在是耶欲舉其説以告學者又不敢顯言無已則取當世相傳之書訂其紕繆而析其是非使言之者無罪而聞之者有所懲戒而不至於亂辨正之書所以作

也夫地学之有書始於黃石盛於楊公而世所惑溺而不可卒解者則莫甚於玉尺經論斷諸書彙為一編其錮亘之與發書皆以云救也于姜諸子問業見人經史之暇旁及此編

豈好事哉我得此道以釋憾於我親從我游者皆有親也姜氏習星編而遽捧之以公世其又為天下後世之己親者加之意歟允哉儒者之用心也已

杜陵蔣翁

古杜丏叟

自叙

大元空五行之法始於晉盛於唐一時著書立説者類足爲言理言氣之祖自宋以降其法稍稍失傳於是諸法雜出各持一説以爲求食之藉而僞者日益盛真者日益失

矣惟
國初蔣大鴻先生獨得無極真
傳將世俗諸書辨是非定真偽
成地理辨正一書自此書出而天
玉青囊之奧錯綜變化之機陰
陽動靜之理向之失傳已經六七

百年由先生一朝大聲疾呼發聾振聵説掃百家而道濟一世豈非參天地關盛衰大有功於生民者乎無何一法始出百弊叢生今去先生未久而著書立説者又幾於汗牛而充棟矣彼其説之謬還

胸臆而顯與先生指者無論即或有奉先生之教取先生之書向疏字櫛張皇補苴行且自詡為功臣為諍子矣乃究其說之所以然與先生書不啻毫釐千里之謬於戲百年之近已錯亂至此愚恐愈

久而愈差也不揣固陋杜撰直解不求字句之工但期學者之易曉耳然終望博雅君子愛我者幸教我以不逮焉

道光元年仲春之朔無心道人識於千墨菴

無心道人

錫山章氏

吳縣趙光照書

辨偽原文

僕弱冠失恃先大父安溪公命習地理之學求之十年而始得其傳乃以所傳徧證之大江南北古今名墓又十年而始會其旨從此益精求之又十年而始窮其變而我年則已老矣姚水親隴告成生平學地之志已畢

自此不復措意夫豈不欲傳之其人然天律有禁不得妄傳苟非忠信廉潔之人未許與聞一二也丹陽張孝廉仲馨丹徒駱孝廉士鵬山陰呂文學相烈會稽姜公子垚武陵胡公子泰徵淄川畢解元世持昔以文章行業相師因得略聞梗槩此諸君子或

丹穴鳳雛或青春鷄鷹皆自置甚高不可一世蓋求其道以庇本根非挾其術以為壟斷故能三緘其口不漏片言庶幾不負僕之講求爾若夫中人以下走四方求衣食者僕初未嘗不憐之然欲冒禁而傳真道則未敢許也至於僕之得傳有訣無書以此

事貴在心傳非可言罄古書充棟半屬僞造故有辨正一書昌言救世後復自言所得作天元五歌然皆莊蒙所謂糟粕必求其精微則亦不在此也此外別無秘本私為一家之書近聞三吳兩浙都有自稱得僕真傳以自衒鬻者亦有自撰僞書指為僕之

秘本以瞽惑後學者天地之大何所不容但恐僞託之人心術鮮正以不正之術謀人身家必誤人之身家以不正之書傳之後世必貽禍於後世僕不忍不辨惟有識者察之

華亭蔣平階大鴻氏敬告

地理辨正直解全集目錄

都天寶照經補傳增直解

卷之五

平砂玉尺辨僞

跋

蔣大鴻先生辨正一書闡河洛之奥陰陽消息錯綜變化之機明且暢矣上攷管郭楊曾降及靑田幕講道同一貫實地學理氣之正宗而有隱而未發之詞而要之天玉靑囊之所以然已如指掌無何百餘年來讀者猶昧其解是其所是非其所非師師相傳口口相授而辨正之旨反日益晦嗟乎不善讀靑囊天玉寶照諸書而誤會其用者皆楊曾之罪人也不善讀辨正一書而妄謂得傳以自誤而誤人者又蔣公之罪人也無錫章君

仲山獨悟眞詮熟推生尅制化之用吉凶消長之理神明其道于大江南北已三十年爰依辨正引伸其說成直解若干卷自號曰無心道人殆深有得天地造化之所以然而于元空之秘則幾乎洩矣一時交好吳巢松太史單健堂司馬輩皆聳恿付梓以公諸世則是書之出又大有功于地理之學亦猶蔣公辨僞諸篇不憚辭費以捄世之深心也余與訂交最久頃來相遇維揚適柯君遠峰自吳門爲校刊方竣快先得讀用附數言于後俾當世欲聞斯道者有知所取信云時

道光元年辛巳四月既望武進李逊來紹仔甫跋于邗
江寓館

地理辨正卷之一

雲間蔣氏平階補傳　門人　會稽姜　垚辨正

無心道人增補　直解

青囊經　原本作黃石公授赤松子述義

上卷　古文作堪輿篇郭氏作氣感篇邱氏作理原論今具刪之

經曰天尊地卑陽奇陰耦一六共宗二七同道三八爲朋四九爲友五十同途闔闢奇偶五兆生成流行終始八體宏布子母分施天地定位山澤通氣雷風相薄水火不相射中五立極臨制四方背一面九三七居旁二

無形爲天地之始

八四六縱橫紀綱陽以相陰陰以含陽陽生於陰柔生於剛陰德宏濟陽德順昌是故陽本陰陰育陽天依形地附氣此之謂化始

傳曰此篇以無形之氣爲天地之始而推原道之所從來也夫陽氣屬天而實兆於地之中聖人作易以明天地之道皆言陰陽之互爲其根者而已天高而尊地下而卑然尊者有下濟之德卑者有上行之義一陰一陽一奇一耦其數參伍所以齊一其形對待所以往來天地之匡廓由此而成四時之代謝由此

河圖一六二七三八四九五十合洛書一九二八三七四六對待之圖

一三五七九為天數二四六八十為地數天數二十有五地數三十天地之數五十有五此所以成變化而行終始也

而運萬物之化育山川此而脉夫此陰陽奇耦之道隨舉一物無不有之天地無心聖人無意自然流露而顯其象於河圖遂有一六共宗二七同道三八為朋四九為友五十同途之象聖人因其象而求其義以奇者屬陽而有天一天三天五天七天九之名以耦者屬陰而有地二地四地六地八地十之名而有一必有二有三必有四有五必有六有七必有八有九必有十所謂參伍之數也此一彼二此三彼四此五彼六此七彼八此九彼十所謂對待之形也天數與地

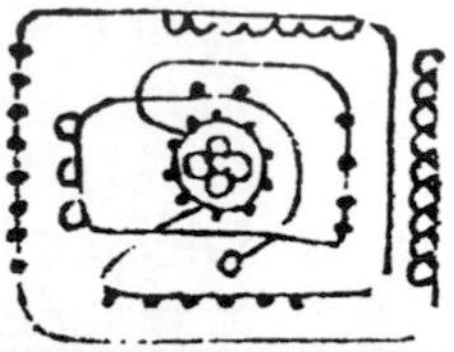

河圖五位相得圖

數各得其五此謂一成之數而百千萬億無窮之數由此而推也天數地數各得其五合二五而成十蓋有五即有十猶有一即有二陰陽自然之道也故有天之一即有地之六有地之二即有天之七有天之三即有地之八有地之四即有天之九有天之五即有地之十此陰陽之數以參伍而齊一者也易曰五位相得蓋此謂也而一六在下則二七必在上三八在左則四九必在右五居中則十亦居中此陰陽之數對待而往來者也易曰五位相得而各有合蓋謂

此也以其參伍而齊一故一奇一耦燦然而不棼以其對待而往來故奇耦之間一闔一闢潛然而自應此生成之所從出也天一生水而地六成之地二生火而天七成之天三生木而地八成之地四生金而天九成之天五生土而地十成之一生一成皆陰陽交媾之玅二氣相交而五行兆焉降於九天之上升於九地之下周流六虛無有休息始而終終而復始無一息不流行則無一息不交媾當其無而其體渾然已成當其有而其體秩然有象聖人因河圖之象

少陽⚎ 太陰⚏ 太陽⚌ 少陰⚍

乾☰ 兌☱ 離☲ 震☳ 巽☴ 坎☵ 艮☶ 坤☷

數而卦體立焉夫河圖止有四象而卦成八體者何也蓋一畫成爻爻者交也太始之氣止有一陽○是名太陽⚊太陽⚊交而成太陰⚋是曰兩儀太陰太陽再交而成少陰⚍少陽⚎并太陰⚏太陽⚌是曰四象此河圖之顯象也四象三爻而成八卦☰曰乾☱曰兌☲曰離☳曰震☴曰巽☵曰坎☶曰艮☷曰坤蓋卽河圖每方二數析之則有八此河圖之象隱而顯者也故卦之八由於四象爻之三由於三交乾坤二卦爲母六卦爲子此八卦之子母也諸卦自爲

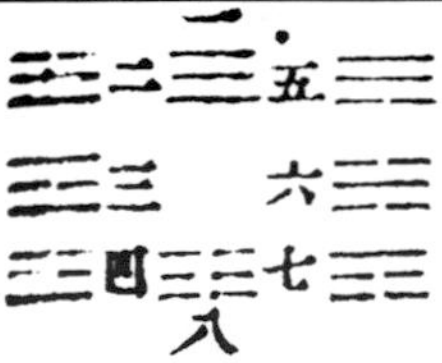

乾一兌二離三震四巽五坎六艮七坤八先天八卦方位次序圖

母三交爲子此一卦之子母也以此分施造化布滿宇宙之間於是舉陽之乾爲天對以陰之坤爲地謂之天地定位天覆於上則地載於下也此陰陽之一交而成天地者也舉陽之艮爲山對以陰之兌爲澤謂之山澤通氣山載於下則澤受於上也舉陽之震爲雷對以陰之巽爲風謂之雷風相薄雷發於下則風動於上也舉陽之坎爲水對以陰之離爲火謂之水火不相射水火平衡形常相隔而情常相親也此三陰三陽之各自爲交而生萬物者也先賢以此爲

洛書

先天之卦伏羲所定本於龍馬負圖而作寔則渾沌初分天地開闢之象也四象虛中而成五位此中五者即四象之交氣乾之真陽坤之真陰皆無形而惟土有形此土之下為黃泉皆坤地積陰之氣此土之上為清虛皆乾天積陽之氣而土膚之際平鋪如掌乃至陰至陽乾坤交媾之處水火風雷山澤諸凡天地之化機皆露於此故中五者八卦託體儲精成形顯用之所也故河圖雒書同此中五以立極也河圖雖有四象而先天陽升陰降上下初分未可謂之四

後天八卦方位

坎一坤二震三巽四中五乾六兌七艮八離九一二三四五六七八九始而終終而始循環無端者也

方自中五立極而後四極劃然各正其方矣有四方之正位而四維介於其間於是八方立焉統中五皇極而爲九分而布之一起正北二居西南三居正東四居東南五復居中六居西北七居正西八居東北九居正南謂之九疇此雖出於雒書而實與河圖之數符合天地之理自然發現無不同也布其位曰戴九履一左三右七二四爲肩六八爲足其八方之位適與八方之數均齊聖人即以八卦隸之而次其序曰坎一坤二震三巽四中五乾六兌七艮八離九此

則四正四維不易之定位也數雖起一而用實首震蓋成位之後少陽用事先天主天而後天主曰元子繼體代父爲政也易曰帝出乎震齊乎巽相見乎離致役乎坤說言乎兌戰乎乾勞乎坎成言乎艮一二三四五六七八九者古今之禪代推移周而復始者也震巽離坤兌乾坎艮者日月之出沒四時之氣機運行遷謝循環無端者也先賢以此爲後天之卦昔者大禹治水神龜出雒文王因之作後天之卦豈伏羲畫卦之時未有雒書而大禹演疇之時未有後天

卦位卯竊以爲圖書必出於一時而先天後天卦位亦定於一日伏羲但有卦爻而文王始繫之辭耳河圖雒書非有二數先天後天非有二義也特先天之卦以陰陽之對待者言有彼此而無方隅後天之卦以陰陽之流行者言則有方隅矣至其作卦之旨要在於陰陽之互根則一也夫易之道貴陽賤陰則陽當爲主而陰當爲輔而此云陽以相陰者何也蓋陽之妙不在於陽而在於陰陰中之陽乃眞陽也故陰爲之感而陽來應之似乎陰反爲君而陽反爲相此

此篇申明河圖雒書先天後天八卦陰陽奇耦自然之理而推原太始無形之氣始於一陽有一陽方有兩儀有兩儀自有四象八卦陰陽奇耦有無形而後有有形有有形而後知無形之氣消與長也知是方知天非鄉然者為天也其氣常依於有形而無時不下濟地非塊然不動者為地重[illegible]形常附氣[illegible]生并所以生天地所以生萬物皆由此氣故曰化始

經言神明之旨也然陽之所以來應乎陰者以陰中本自有之以類相從故來應耳豈非陰含陽乎陰含陽則能生陽矣一切發生之氣皆陽司之則皆陰出之者也剛柔卽陰陽陰陽以氣言剛柔以質言易曰乾剛坤柔又曰剛柔相摩八卦相盪八卦之中皆有陰陽則皆有剛柔若以陽為剛以陰為柔則宜乎剛生於柔矣而乃云柔生於剛者何也無形之氣陽剛而陰柔有形之質陰剛而陽柔於有形之剛質又生無形之柔氣質生氣氣還生質故曰柔生於剛也凡

其所以能爲相助能爲包含生生不息如是者則以陰之與陽蓋自有其德也惟陰之德能宏大夫陽以濟陽之施故陽之德能親順夫陰以昌陰之化此陰陽之妙以氣相感見於河圖雒書先後天之卦象者如是由是則可以知天地之道矣天地之道陽常本於陰而陰常能育陽故天非廓然空虛者爲天也其氣常依於有形而無時不下濟地非塊然不動者爲地也其形常附於元氣而無時不上升然則天之氣常在地中而地之氣皆天之氣陰陽雖曰二氣止一

氣耳所以生天生地者此氣所以生萬物者此氣故曰化始也

中卷　古文作天官篇邱氏作天元金書符郭氏作神契篇今刪之

經曰天有五星地有五行天分星宿地列山川氣行於地形麗於天因形察氣以立人紀紫微天極太乙之御君臨四正南面而治天市東宮少微西掖太微南垣旁照四極四七爲經五德爲緯運幹坤輿垂光乾紀七政樞機流通終始地德上載天光下臨陰用陽朝陽用陰應陰陽相見福祿永貞陰陽相乘禍咎踵門天之所臨

有形爲萬物之母

地之所盛。形止氣蓄。萬物化生。氣感而應。鬼福及人。是故天有象。地有形。上下相須而成一體。此之謂化機

傳曰。此篇以有形之象。爲天地之機。而指示氣之所從受也。上文旣明河圖洛書。先天後天八卦之理。聖人作易之旨。盡於此。天地陰陽之道。亦盡於此矣。然聖人不自作易。其四象八卦。皆仰法於天。故此篇專指天象以爲言。夫易之八卦。取象於地之五行。而地有五行。實因天有五曜。五曜凝精於上。而五行流氣於下。天之星宿。五曜之分光列象者也。地之山川五

乾爲三德巽爲五紀坎爲五行離爲五福艮爲庶徵坤爲五事震爲八政兌爲稽疑此謂九疇

行之成形結撰者也故山川非列宿而常具列宿之形觀其形之所呈即以知其氣之所稟夫有是形御是氣物化自然初未及乎人事而聖人仰觀俯察人紀從此立焉木爲歲星其方爲東其令爲春其德爲仁火爲熒惑其方爲南其令爲夏其德爲禮土爲鎮星其方爲中央其令爲季夏其德爲信金爲太白其方爲西其令爲秋其德爲義水爲辰星其方爲朔其令爲冬其德爲智洪範九疇所謂敬用五事嚮用五福五紀八政皇極庶徵皆自此出故聖人御世宰物

木星近日則遲遠日則疾火星近日則疾遠日則遲土星平行無遲疾金星水星附日而行此五星之大略也天行一日常一周三百六十度日亦一日一周而比天不及一度積三百六十日而與天會月一日常不及天十三度有奇不及日十二度有奇積二十七日而與日會積二十九日而與天會日之行度始於冬至之日終於大雪之末欽定新

一天地之道也備言天體則有七政以司元化日月五星是也有四垣以鎮四方紫微天市太微少微是也有二十八宿以分布周天蒼龍七宿角亢氐房心尾箕朱鳥七宿井鬼柳星張翼軫白虎七宿奎婁胃昴畢觜參玄武七宿斗牛女虛危室壁是也四垣卽四象七政卽陰陽五行之根本其樞在北斗而分之四方爲二十八宿故房虛昴星應日心危畢張應月角斗奎井應歲星尾室觜翼應熒惑亢牛婁鬼應太白箕壁參軫應辰星氐女胃柳應鎮星臨制其方各

只冬至日躔丑初一度即箕一度是也

一七政也渾天周匝雖云四方而已備八卦二十四交之象矣非經無以立極非緯無以爐化一經一緯眞陰眞陽之交道也交道維洛而後天之體環周而固於外地之體結束而安於中此元氣之流行自然而成器者也其始無始其終無終包羅六合入於無間雖名陰陽一氣而已人能得此一氣則生者可以善其生而死者可以善其死地理之道蓋人紀之一端此端既立則諸政以次應之故聖人重其事其用在地而必求端於天本其氣之所自來也然氣不可

此節申言無形之氣不可見惟日月五星有象現于天者可見因可見之象卽可測不可見之氣矣天依形地附氣氣生形形生氣形氣相須而生卽天地萬物生生化化之氣機

見而形可見不可見之氣卽寓於有可見之形形者氣之所成而卽以載氣氣發於天而載之者地氣本屬陽而載之者陰故有陰卽有陽地得其所則天氣歸之天地無時不交會陰陽無時不相見相見而得其冲和之正則爲福德之門相見而不得其冲和之正卽爲相乘而名禍咎之根禍福殊塗所爭一間艮足畏也且亦知星宿之所以麗於天山川之所以列於地者乎天之氣無往不在而日得天之陽精而恒爲日月得天之陰精而恒爲月五曜得天五氣之精

而恒爲緯至於四垣二十八宿衆星環列又得日月五星之精而恒爲經此則在天之有形者有以載天之氣也地之氣無往不在而山得日月五星之氣而恒爲山川得日月五星之氣而恒爲川此則在地之有形者有以載地之氣也列宿得天之氣而生於天列宿與天爲一體也山川得地之氣而生於地山川與地爲一體也萬物之生於天地何獨不然夫萬物非能自生借天地之氣以生然天地非有意於生萬物萬物自有機焉適與天地之氣相遇于窅冥恍惚

之中夫有所沾濡焉夫有所綢繆焉夫有所苞孕焉遂使天地之氣止而不去積之累之與物爲一乃勃然以生爾地理之道必使我所取之形足以納氣而氣不我去則形與氣交而爲一必使我所據之地足以承天而天不我隔則地與天交而爲一夫天地形氣既合而爲一則所葬之骨亦與天地之氣爲一而死魄生人氣脉灌輸亦無不一福應之來若機張審括所謂化機也不然蓄之無門止之無術雖周天列宿炳耀中天而我不蒙其照雖大地陽和滂流八表

天爲萬物之父地爲萬物之體萬物之榮枯變化原其終始都始天而成乎地也

而我不沾其澤天爲匡廓地爲稿壞骨爲速朽子孫爲寄生我未見其獲福也可不慎哉可不慎哉

下卷 古文作叢辰篇

經曰無極而太極也理寓於氣氣囿於形日月星宿剛氣上騰山川草木柔氣下凝資陽以昌用陰以成陽德有象陰德有位地有四勢氣從八方外氣行形內氣止生乘風則散界水則止是故順五兆用八卦排六甲布八門推五運定六氣明地德立人道因變化原終始此之謂化成

傳曰此篇申言形氣雖殊而其理則一示人以因形求氣爲地理入用之準繩也易曰易有太極是生兩儀太極者所謂象帝之先先天地生能生天地萬化之祖根也本無有物無象無數無方隅無往不在言太極則無極可知後賢立說慮學者以太極爲有物故申言以明之曰無極而太極也大而天地細而萬物莫不各有太極物物一太極一物全具一天地之理人知太極物物皆具則地理之道思過半矣理寓於氣氣一太極也氣囿於形形一太極也以至日月

星辰之剛氣上騰以剛中有太極故能上騰山川草木之柔氣下凝以柔中有太極故能下凝資陽以昌資之以太極也用陰以成用之以太極也太極之所顯露者謂之象而所宣布者謂之位地無四勢以太極乘之而命之爲四勢氣無八方以太極御之而命之爲八方勢與方者其象其氣而命之爲勢爲方者其極極豈有定耶則勢與方亦豈有定耶四勢之中各自有象則八方之中亦各自有氣然此諸方之氣皆流行之氣因方成形只謂之外氣苟任其流行而

無止蓄則從八方而來者還從八方而去千山萬水僅供耳目之翫如傳舍如過客總不足以濬發靈機滋荄元化必有爲之內氣者焉所謂內氣非內所自有卽外來流行之氣於此乎止有此一止則八方之行形者皆招攝翕聚乎此是一止而無所不止於此而言太極乃爲眞太極矣無所不止則陽無所不資陰無所不用而生生不息之道在其中太極生兩儀兩儀生四象四象生八卦萬事萬物胚胎乎此前篇所謂形止氣蓄萬物化生蓋謂此也然但言止而不

申明所以止之義恐世之審氣者茫然無所措手故舉氣之最大而流行無間者曰風曰水夫風有氣而無形稟乎陽者也水有形而兼有氣稟乎陰者也然風稟乎陽而陽中有陰焉水稟乎陰而陰中有陽焉二者皆行氣之物氣之陽者從風而行氣之陰者從水而行而行陽氣者反能散陽以陽中有陰也行陰氣者反能止陽以陰中有陽也大塊之間何處無風何處無水風原不能散氣所以噓之使散者病在乎乘水原不能止氣所以吸之使止者妙在乎界苟能

排六甲佈八門顛之倒之縱之橫之極無守體隨時而在者也

明乎乘與界之為義審氣以定太極之法槩可知矣上文反覆推詳皆泛言形氣之理至是乃實指地理之用於是總括其全焉順五兆以五星之正變審象也用八卦以八方之衰旺審位也排六甲以六甲之紀年審運也布八門以八風之開闔審氣也地理之矩矱盡於此矣推五運以五紀之盈虛審歲也定六氣以六氣之代謝審令也謹歲時以扶地理之橐籥盡於此矣如是則太極不失其正而地德可明然聖人之明地德也非徒邀福而已葢地之五行得其順

則人之生也五德備其全而五常順其性聖賢豪傑接踵而出而禮樂政刑無不就理豈非人道自此立乎然此亦陰陽變化自然之玅雖有智者不能以私意妄作夫亦深知其所以然因之而已夫卜地葬親乃慎終之事而子孫之世澤皆出其中則人道之所以終即爲人道之所以始然則斯道也者聖人開物成務無有大於此者也、謂之化成宜哉

〔直解〕上卷推原無形之氣爲萬物生生之始中卷、因有形之象推測無形之氣一形一氣萬事萬物

不能逃其變化出其範圍此卷兼形兼氣并兼理而言實指地理之用也斯理雖本洛書實則變易不一錯綜無定隨氣運行隨時而在者也苟非師師相授雖窮年皓首斷不能窺其巔末讀者莫輕視而忽之

地理辨正卷之一終

地理辨正評　宋伯魯

雌雄二字全書眼目三平之秘在此宜細玩之天下諸書對不同唐人已有此論何怪今人之嘵嘵也

地理辨正卷之二

杜陵蔣平階大鴻補註　門人　臨安于鴻儀　會稽姜垚　較正

無心道人增補　直解

青囊序　唐曾求己公安甫著

楊公養老看雌雄天下諸書對不同。

雌雄者陰陽之別名乃不云陰陽而云雌雄者言陰陽則陰自爲陰陽自爲陽疑乎對待之物互顯其情者也故善言陰陽者必言雌雄觀雌則不必更覯其

青囊序青囊奧語天玉寶照四書皆所以闡明三陽理氣之秘三陽者平洋平陽平原也亦曰三平有水為平洋無水為乾流為平陽平原其看法皆同與三陰截然相反三陰者高山壠阜高岡也其看法與三平相反所

雄。而知必有雄以應之觀雄、則不必更觀其雌而知必有雌以配之天地者大雌雄也山川雌雄中之顯象者也地有至陰之氣以招攝天之陽精天之陽氣日下交乎地而無形可見止見其草木百穀春榮秋落蛟龍虫豸升騰蟄藏而已故聖人制婚姻男先乎女亦以陰之所在陽必求之山河大地其可見之形皆陰也實有不可見之陽以應之所謂雌雄者也故地理家不曰地脉而曰龍神言變化無常不可以跡求者也青囊經所謂陽以求陰陰以含陽者此雌雄謂識得陰陽顛倒顛便是大羅仙此語蔣公天元歌歸厚錄屢屢言之而世人不解讀書誤用山龍看平龍陽差陰錯謬以傳謬楊公所謂胡行亂作害世人可勝浩歎

也。所謂陽本陰。陰育陽者。此雌雄也。所謂陰用陽朝陽用陰應者。此雌雄也。所謂資陽以昌。用陰以成者。此雌雄也。楊公得青囊之秘。洞徹陰陽之理。晚年其術益精。以此濟世。即以此養生。然其中秘密。惟有看雌雄之一法。此外更無他法。夫地理之書。汗牛充棟。獨此一法。不肯筆之於書。先賢口口相傳。間世一出。蓋自管郭以來。古今知者不能幾人。既非聰明智巧。可能推測。又豈閱覽博物所得與聞。會者一言立曉。不知者。累牘難明。若欲向書卷中求之。更河漢矣。故曰天下諸書對不同也。曾公安親受楊公之秘。故其所言深切著明如此。彼公安者豈欺我哉。

【直解】雌雄者、陰陽交媾之情。交媾者、天地陰陽化生萬物之氣也。善言陰陽者、必言交媾。善言交媾者、必言雌雄。如舍雌雄交媾而言陰言陽。則天不生、地不成。陰自爲陰。陽自爲陽。毫不相涉者也。世俗諸書。但知有地而不知有天。皆因天之氣無形可見。地之形有跡可尋耳。善看雌雄者。以有形可見之地。測無形可見之天。再以無形可見之天合

只此六句平洋作法已無餘蘊

有形可見之地也夫所見者在地而必求端乎天者何也本其氣之所自來耳地有至陰之氣以招攝天之陽精天之陽氣日下交乎地而無形可見只見草木百穀春榮秋落蛟龍虫豸升騰蟄藏是氣不可見而形可見也以不可見之氣卽寓於有可見之形因可見之形卽不可見之氣亦可見矣天依形地附氣運行化育于冥冥之中不見而彰不動而變無爲而成卽楊公所謂看雌雄者也

先看金龍動不動次察血脉認來龍

凡經中言平洋皆包平陽平原在內看金龍之訣俗師泥無形二字從空中盲猜瞎揣到麓岩尚知此況他人乎豈知蔣注明明言此以形象言也上文不過原金龍取名之義耳故末節注中即申明之曰二十四山之水其間必有交道相過然

此以下乃言看雌雄之法也金龍者氣之無形者也龍本非金而云金龍者乃乾陽金氣之所生故曰金龍動則屬陽靜則屬陰氣以動為生以靜為死生者可用死者不可用其動大者則大用之其動小者則小用之此指金龍之消長言也消長既明斯可辨其血脉血脉即金龍之血脉非龍而實龍之所自來所謂雌雄者也觀血脉之所自來即知龍之所自來矣察察其血脉之來自何方也知血脉之來自何方即可認龍之來自何方矣此楊公看雌雄之秘訣而非

後血脈真而金龍動云云可見動不動即在三叉處認不求諸渺茫不可知之鄉也時師不善讀書自尋魔境可歎也已

世人倒杖步量之死格局也

俗註辰戌丑未四金惡煞爲金龍者非

直解 看、卽看無形之氣無形之氣化育萬物千變無窮故名之曰金龍動不動者卽氣之盈虛消長陰陽往來也察者、察也卽察無形之氣消與長也知氣之消與長卽可認金龍之得與失矣得爲動不得卽爲不動非山行水曲之動不動也

龍分兩片陰陽取水對三义細認蹤

兩片卽雌雄陰在此則陽必在彼兩路相交也三义、

即後城門界水合處必有三乂細認踪即察血脈以認來龍也知三乂之在何方則知來龍之屬何脉矣

俗註以兩片爲左旋右旋以三乂爲生旺墓非

直解　山一片水一片空一片實一片來一片往一片來有來之用法往有往之用法故云龍分兩片陰陽取也空一片即天一片天運循環元氣流行消長不一往來無定全憑心法趨其將來避其已往來者爲動爲陽往者爲靜爲陰此分空一片之兩片也實一片即地一片地有背面生死起伏行

離水則為坎龍
坎水則為離龍
卯水則為酉龍
酉水則為卯龍
推之各山皆然
即所謂元空也
凡言血脈皆
指水言山言龍
言氣皆指實地

止須憑眼力揀生棄死去背就面面者為陽為生背者為陰為死此分實一片之兩片也三义即水口細認踪者細認山上水裏之玄空得與失也知得與失方知察血脈認來龍之法矣

江南龍來江北望江西龍去望江東

此所謂兩片也金龍本在江南而所望之氣脈反在江北金龍本在江西而所望之氣脈反在江東葢以有形之陰質求無形之陽氣也楊公看雌雄之法皆從空處為眞龍故立其名曰大玄空雖云兩片實一

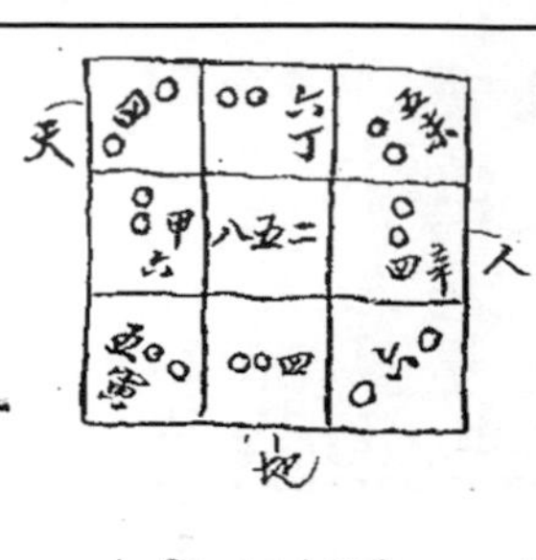

片也。

俗註江南午丁未坤爲一卦江北子癸丑艮爲一卦共一父母江西申庚酉辛戌乾亥壬爲一卦江東寅甲卯乙辰巽巳丙爲一卦共一父母兩卦之中互相立向者非

直解江南江北。江東江西。即陰陽顛倒。顛察血脉認來龍之意。上節雖云兩片。實一片也。金龍之兩片即已往一片將來一片蓋彼來則此往此往則彼來有來自有往有往自有來來極則往往極則

見古人卜宅盃不取後龍所謂只向水神朝處取也知此則平龍之法思過半矣

來來卽往之始往卽來之源何來兩片耶

是以聖人卜河洛瀍澗二水交華嵩相其陰陽觀流泉卜年卜世宅都宮

此卽周公卜洛之事以證地理之道惟在察血脈認來龍也聖人作都不言華嵩之脉絡而言瀍澗之相交則知所認之來龍認之以瀍澗也又引公劉遷豳相陰陽觀流泉以合觀之見聖人作法千古一揆也

直解 上文所云察血脉認來龍對三叉細認踪者楊公恐人不信此訣特引聖人之相陰陽觀流泉

即來水發源謂之朱雀者以水神在前故也三吉水收在前面亦此意

山以當元運為旺水以不當元運為旺衰旺配合雌雄也

以證千古一法也。

晉世景純傳此術。演經立義。出玄空朱雀發源生旺氣。一一講說開愚蒙。

推原玄空大卦。不始於楊公。盖郭景純先得青囊之秘。演而立之。直追周公制作之精意者也。乃其義不過欲朱雀發源。得生旺之氣耳。來源既得生旺。即是來龍生旺。而諸福坐致矣。來源若非生旺。則來龍亦非生旺。而禍不旋踵矣。景純當日以此開喻愚蒙。其如愚蒙之領會者少也。

金鎖秘陽差陰錯圖每月逐初三日起每五日為一卦歷三七六四八二六宮而為一月一九不用天根月窟也日起三卦起三六是

俗註龍取生旺之氣於穴中水取生旺之氣於穴前又指氣之生旺爲長生帝旺墓庫合三义者非

〔直解〕上二句、推原挨星之法所自來下二句、詳言向首一星之妙用

一生二兮二生三三生萬物是玄關山管山兮水管水此是陰陽不待言

陰陽之妙用始於一有一爻卽有三爻有一卦卽有三卦故曰一生二二生三此乃天地之玄關萬物生生之橐籥也又恐人認山水爲一而不知辨別故言

三生萬物之義 此節明三天卦之理皆日起初三卦起震三何一非用三乎

山之玄關自管山。而水之玄關自管水。不相混雜。蓋山有山之陰陽。而水有水之陰陽。爾通乎此義。則世之言龍穴砂水者。眞未夢見矣。

俗註生旺墓三合爲玄關者非。

【直解】一極於三。三三極於九。故數始于一而終于九也。蓋天所覆。地所載。萬事萬物。不外乎此。是謂玄關。山管山。水管水者。山有山之陰陽五行。推其順逆生死。水有水之陰陽五行。推其順逆生死。蓋山自爲山。水自爲水。故云陰陽不待言也。

水重来情
山用旺水用衰
山以旺為生衰
為死水以衰為
生旺為死顛
倒用坐山来
水即前南北
東西之意亦
即兩片之義

識得陰陽玄妙理。知其衰旺生與死。不問坐山與來水。
但逢死氣皆無取。
此節暢言地理之要。只在衰旺生死之辨也。衰旺有運。生死乘時。陰陽玄妙之理。在乎知時而已。坐山有坐山之氣運。來水有來水之氣運。所謂山管山。水管水也。二者皆須趨生而避死。從旺而去衰。然欲識得此理。非眞知河洛之秘者不能。豈俗師所傳龍上五行收山向上五行收水順逆長生之說所能按圖而索驥者乎。

此即三元盤讀此知三合雙山係盤之謬

【直解】此節承上文看金龍分兩片而言也。玄妙。是陰陽往來之玄妙。生死是氣運消長之生死。氣運消長之生死。蓋以當元者爲旺。將來者爲生。方去者爲衰。去已久者爲死。下二句、總言上山下水之趨避。

先天羅經十二支。後天再用干與維。八干四維輔支位。子母公孫同此推。

羅經二十四路已成之跡。人人所知。何須特舉。此節非言羅經制造之法。蓋將羅經、直指雌雄交媾之玄

山有山之衰旺生死水有水之衰旺生死即雌雄交媾之元關也

關以明衰旺生死之作用爾十二支乃周天列宿之十二次舍故曰先天地道法天雖有十二宮而位分八卦每卦三爻則十二宮不足以盡地之數故十干取戊已歸中以爲皇極而分布八干爲四正之輔佐然猶未足卦爻之數遂以四隅四卦補成三八於是卦爲之母而二十四路爲之子焉卦爲之公而二十四路爲之孫焉識得子母公孫則雌雄之交媾在此金龍之血脉在此龍神之衰旺生死亦盡乎此矣

俗註子寅辰乾丙乙一龍爲公午申戌坤辛壬二龍

此論元空大五行挨星作法

爲母卯巳丑艮庚丁三龍爲子酉亥未巽癸甲四龍爲孫非

【直解】上二句言二十四山不易之定位下二句分析八干四維十二支之子母公孫十二支之子母公孫旣分則某爲公某爲孫某爲子母都在于斯

二十四山分順逆共成四十八局五行即在此中分

祖宗却從陰陽出陽從左邊團團轉陰從右路轉相通

有人識得陰陽者何愁大地不相逢

此一節申言上文未盡之旨也子母公孫如何取用

坎宮壬子癸之子非子息之子只因俗師誤認子息故有順子逆子可兼不可兼之謬說

真交媾者即元空先天大五行四十八局水火交媾金木合併坎離代乾坤之妙用矣

蓋二十四山止應二十四局而一山之局又有順逆不同如有順子一局卽有逆子一局一山兩局豈非四十八局乎此局得何五行則龍神得何五行五行不在此中分乎然五行之根源宗祖非取有形可見有跡可尋之二十四山分五行乃從玄空大卦雌雄交媾之眞陰眞陽分五行也論至此玄空立卦之義幾乎盡矣而又恐人不知陰陽爲何物又重言以申明之曰如陽從左邊團團轉則陰必從右路轉相通言有陰卽有陽有陽卽有陰所謂陰陽相見雌雄交

月根窟三十六宮都是春也此須口傳用山龍起伏過峽看平祥不知元空大卦作用所以可歎

媾。玄空大卦之秘旨也。言左右上下四旁皆如是矣。此即上文龍分兩片江南龍來江北望之意。而反覆言之者也。其奈世人止從形跡上著眼。不能領會玄空大卦之妙。故又發嘆曰。有人識得此理者。乃識眞陰陽。眞五行。眞血脉。眞龍神。隨所指點。皆天機之玅。何愁大地不相逢乎。若不識此。雖大地當前。目迷五色。未有能得其眞者也。

俗註陽龍左行爲順陰龍右行爲逆陽亥龍左行爲甲木陰亥龍右行爲乙木之類非

直解 分者、即分兩片也兩片者、一顛一倒一往一來一順一逆也分得順逆顛倒自然共成四十有八局然分作四十八局何益蓋九星流轉氣運循環八卦九宮即從此而轉順者順逆者逆故曰此中分但五行之根源宗祖非取有形可見有跡可尋二十四山所分之五行也要從大玄空卦中求天心之一卦流動九宮則甲癸申非盡貪狼而與貪狼為一例艮丙辛非盡破軍而與破軍為一例此即所謂星辰流轉要相逢順逆在此中分也知此則在在之陰陽可求而得在在之陰陽既可求而得豈非定陰陽辨順逆元空下卦起星之根源宗祖耶要在未立向以前將水之去來山之入首四面八方仔細看到排定方位後用挨星之法審其某水合某水不合某山合某山不合另尋別向挨到處處合時合運補救直達兼得方可如此則向之兼左兼右兼干兼支之法無不在其中矣有人識得流轉變遷隨時而在之陰陽者何愁大地不相逢乎〇盈虛消長之道本上下無常進退無

駁時師淨陰淨陽之非而歸重於陰陽相見

恒者也分者即從無常無恒之中分其進退定其上下辨其陰陽分其順逆如是無常者似乎有常無恒者亦若有恒矣

陽山陽向水流陽執定此說甚荒唐陰山陰向水流陰笑殺拘泥都一般若能勘破個中理玅用本來同一體陰陽相見兩為難一山一水何足言

又言所謂識得陰陽者乃玄空大卦眞陰眞陽而非世之所謂淨陰淨陽也若據淨陰淨陽之說則陽山必須陽向而水流陽陰山必須陰向而水流陰時師

卦氣相通即天玉內傳上第十五節注中所謂父母一氣之卦

拘拘於此而不知其實無益也眞陰眞陽自有個中之玅世人不得眞傳無從勘破耳若有明師指點一言之下立時勘破則知不但淨陰淨陽不可分所謂眞陰眞陽者雖有陰陽之名而止是一物又何從分旣知陰陽爲一物則隨手拈來無非玅用山與水爲一體陰與陽爲一體二十四山卦氣相通者皆爲一體矣夫淨陰淨陽者一山止論一山之陰陽一水止論一水之陰陽故拘執有形不能觸類旁通耳玄空大卦一山不論一山之陰陽而論與此山相見之陰

俗註以來龍定陰陽分順逆亦有以來水而定者如來龍左轉者爲陽右轉者爲陰如水左來者當立陽向收陽水亦有以干支而分者亦有以卦屬而分別者皆非也

陽一水不論一水之陰陽而論與此水相克之陰陽所以爲難知難能而入於微玅之域此豈淨陰淨陽之說拘於有形者所可同年而語哉

直解 山上龍神在山水裏龍神在水此即謂陽山陽水此陰陽以來者爲陽往者爲陰當令者爲陽失運者爲陰生者爲陽死者爲陰非世所謂左旋右轉也亦非以山爲陰而水爲陽也又非以紅字爲陽黑字爲陰也又非以干屬陽支屬陰也此關一破萬卷青囊絲絲入扣矣陰陽即往來來即往

往卽來來與往一氣連貫本無二物須參與時偕行與時偕極卽往來流動之中在在有一陰一陽隨時而在者也隨時而在乃是眞陰陽眞五行眞玄空眞血脉眞龍神若拘拘于干支卦位左轉右到者何來個中之妙耶陰陽相見兩爲難者山上排龍水上排龍雌雄相見也此相見非坎龍必須離水之相見兌龍必須震水之相見要山上排龍排到水裏水裏排龍排到山上山上山上水裏或來者與往者相見或得者與失者相見或山與水相見

五行即九星

或水與山相見或相見之於山或相見之於水或山與水都相見者此謂之兩難註云、一山不論一山之陰陽而論與此山相見之陰陽一水不論一水之陰陽而論與此水相見之陰陽數語眞屬玄玅難知當細細察之如曉得此山此水相見之陰陽方知山與水爲一體陰與陽爲一體二十四山卦氣相通者皆爲一體矣豈拘拘于形跡者所可同年而語哉

二十四山雙雙起少有時師通此義五行分布二十四

第三句即坤壬乙巨門云云也

俗註有以雙山五行而起者又有以分

時師此訣何曾記

此卽上文二十四山分順逆之義而重言以嘆美之雙雙起者一順一逆一山兩用故曰雙雙也五行分布者二十四山各自爲五行不相假借也雖如此云而其中實有奧義惟得秘訣者乃能通之時師但從書卷中搜索必不得之數也於此可見二十四山成格有定執指南者人人能言之而微妙之機不可測識矣

俗註乾亥爲一甲卯爲一丁未爲一之類釋雙雙起

此論山平作法迴殊先賢教人深切著明如此其奈學人不悟真堪浩歎

者非

【直解】此處要順輪者。彼處要逆佈者。此時要順排者。彼時要逆挨者。一山兩用。故曰雙雙也。且二十四山定陰陽分五行。起星下卦之法。其秘盡在雙雙二字之內。能於此中推測。可得五行分布之奧矣。

山上龍神不下水。水裏龍神不上山。用此量山與步水。百里江山一晌間。

此即上文山管山水管水之義。而重言以嘆美之。曰又以世人之論龍神。但以山之脉絡可尋者。爲龍神。即其所用水法。亦以山龍之法。下求乎水。以資其用耳。不知山與水。乃各自有龍神也。特爲指出以正告天下後世。焉山上龍神。以山爲龍者也。專以山之陰陽五行推順逆生死。而水非所論。水裏龍神。以水爲龍者也。專以水之陰陽五行推順逆生死。而山非所論。剛柔異質。燥濕殊性。分路揚鑣。不相假也。即有山龍而兼得水龍之氣者。亦山自爲山。水自爲水。非可以山之陰陽五行。混入乎水之陰陽五行也。山則量山以辨山之純雜長短水以辨水之純雜長短得此山水分用之法百里江山一覽在目此青囊之秘訣亦青囊之捷訣也嗚呼此言自曾公安剖露以來於今幾何年矣而世無一人知者哀哉

俗註論山用雙山五行從地卦查來龍入首論水用三合五行從天卦查水神去來者非

〔直解〕山用順水用逆俗註已明水用逆而星仍用順時師未曉此青囊之秘訣即青囊之捷訣也所云龍神非來龍來脉之龍神是挨星生旺之龍神

山上挨得生旺之龍神。謂之葬著旺龍。當代發。水裏挨得生旺之龍神。謂之葬著天心。發豈遲者也。山自爲山。水自爲水。不相假借也。

更有淨陰淨陽法。前後八尺不宜雜。斜正受來陰陽取。氣乘生旺方無煞。來山起頂須要知。三節四節不須拘。只要龍神得生旺。陰陽却與穴中殊。

此淨陰淨陽。非陽龍陽向水流陽之淨陰淨陽也。葢龍脈只從一卦來。則謂之淨。若雜他卦。卽謂之不淨。而辨淨與不淨。尤在貼身一節。或從前來。或從後至。

此論山水貼身一節定要生旺水一折爲一節來山即是出脉貼身即是到頭

上元之氣並旺中元中元之氣亦預旺上元下元之氣常有餘力旺於上元此之運也

歸厚錄審運章注

須極清純。不得混雜。八尺言其最近也。言此尤為扼要。所謂血脉也。一節以後。則少寬矣。此節須純乎龍運生旺之氣。若一雜他氣。卽是煞氣。吉中有凶矣。來水如此。來山亦然。須審其起頂出脉結穴一二節之近。要得龍神生旺之氣。益龍頂上聚受氣。廣博能操禍福之柄。卽或直來側受之穴。結穴之處。與來脉不同。而小不勝大。可無虞也。此以知山上龍神水裏龍神。皆以來脉求生旺。而尤重在到頭一節。學者不可不慎也。

俗註以左轉右轉順逆爲陰陽者非。

直解來山來水處處均歸一路。卽爲淨。如出他卦。卽爲不淨。惟入首一節更不宜夾雜。故特辨之。乘氣收水。其法不一。或有斜受。或有正受。或陰來陽受。或陽來陰受。急來緩受。緩來急受。要而言之。生氣在左則左。在右則右。隨地取裁。隨時兼取者耳。來山起頂者。穴後主山之頂也。須要知者。要知主山之頂。屬何方位。屬何星體也。穴有穴頂。穴頂之方位星辰。亦要辨別淸楚。去穴遠者。不必拘拘屬

城门即三叉所以審脉在此

剴切曉亮鑿開混沌頑石亦應點頭

何星體也只要合乎生旺爲妙然此生旺兼體用而言宜細細察之

天上星辰似織羅水交三八要相過水發城門須要會卻如湖裏鴈交鵞

此以天象之經緯喻水法之交會也列宿分布周天而無七政以交錯其中則乾道不成而四時失紀矣幹水流行地中而無支流以盼割其際則地氣不收而立穴無據矣故二十四山之水其間必有交道相過然後血脉眞而金龍動大幹小支兩水相會合成

審脈立穴即出脈到頭為龍之首尾

三乂而出所謂城門者是也。湖裏鴈交鵞言一水從左來。一水從右去。兩水相遇。如鵞鴈之一往一來也。詳言水龍審脉之法。而立穴之玅在其中矣。

直解上二句。取天象之經緯。喻水法之交會。下二句以鵞鴈之往來。比流神之屈曲。然大幹小枝兩水相會。合成三乂。必有枝流界割其間。則地氣收束。立穴有據矣。所謂氣無界不收。龍無界不清。脉無界不止。穴無界不的。即此意也。

富貴貧賤在水神。水是山家血脉精。山靜水動晝夜定。

四大尊神即衰旺生死天機元妙即賓照八卦只有一卦通之義乾坤艮巽王官貴此云豪富蓋水主財祿貴而且富也

水主財祿山人丁乾坤艮巽號御街四大尊神在內排生尅須憑五行布要識天機玄𡛟處乾坤艮巽水長流吉神先入家豪富

乾坤艮巽各有衰旺生死非可槩用須用五行辨其生尅生即生旺尅即衰死生爲吉神死爲凶神要在玄空大卦故云天機玄妙處也

【直解】山主靜水主動山管人丁水管財祿水法美主財祿豐盈龍氣佳主人丁興旺水形屈曲曰御街非以方位爲御街也四大尊神即衰旺生死將

此衰旺生死排在乾坤艮巽水中。故曰在內排天機。郎天運吉神先入。謂當收得生旺爲先也。○先到先收。亦謂之先入。

請驗一家舊日墳。十墳埋下九墳貧。惟有一墳能發福。去水來山盡合情。

直解　如十墳用十處。有山情好者。有水法好者。有山水無情者。有發福者。有衰敗者。地非一處。盛衰亦無一定。自然之理也。楊公獨舉十墳埋下之句。葢屬假借之辭。申言用法之得弗得也。謂此十墳

用於一處。則九墳之前後左右來山去水。坐山朝
向。乘氣收水方位干支。與此一墳。總是一般模樣。
旣是一般。則九墳之盛衰。宜與此墳一般。爲是。乃
九墳敗。而一墳独發者何也。墳之形局雖同。所用之
時各有先後。時有先後。坐山朝向雖是一般。在在
之陰陽各別。陰陽旣別。則五行之消長。氣運之盈
虛自有合與不合。合情者。惟此一墳。體與用消與
長。處處用得合法也。

宗廟本是陰陽玄。得四失六難爲全。三才六建雖爲妙

得三失五盡爲偏。益因一行攙外國。遂把五行顛倒編。以訛傳訛竟不明。所以禍福爲胡亂

此節旁引世俗五行之謬。以見地理之道。惟有玄空大卦。看雌雄之法。所以尊師傳。戒後學也。蓋唐以後諸家五行。雜亂而出。將以攙外國。而反以禍中華。至今以訛傳訛。流毒萬世。曾公所以辨之深切也歟。

直解　宗廟五行。是唐一行所造。所云得三失五。得四失六者。非盡善之謂也。

挨星
庚丁寅同例作
輔星 子未卯
三山祿存到
乾戌巳文曲古
連次

青囊奧語

唐楊益筠松譔

無心道人增補 直解

楊公得青囊正訣約其旨爲奧語以玄空之理氣用五行之星體而高山平地之作法已該括於其中然非得眞傳口訣者索之章句之末終不能辨謂之奧語誠哉其奧語也姜垚汝臯氏注

坤壬乙巨門從頭出艮丙辛位位是破軍巽辰亥盡是武曲位甲癸申貪狼一路行

姜氏曰挨星五行卽九星五行也貪巨祿文廉武破

年丑酉右弼之八九。原文只露了一半。此一半泄小補中增入方合蔣盤作用。不似子癸並甲申一訣。呈一漏萬也。慎之秘之。

輔弼。一一挨去。故曰挨星。玄空大卦五行。亦即挨星五行。名異而實同者也。此五行原本洛書九氣。而上應北斗。主宰天地化育之道。斡維元運。萬古而不能外也。此九星與八宮掌訣九星不同。唐使僧一行作卦例以擾外國。專取貪巨武爲三吉。其實非也。夫九星乃七政之根原。八卦乃乾坤之法象。皆天寶地符精華妙氣。顧于其中分彼此。辨優劣。眞庸愚之識。詭怪之談矣。止是天地流行之妙。與時相合者吉。與時相背者凶。故九星八卦本無不吉。而有時乎吉。本無

上元貪巨祿中元文廉武下元破輔弼所謂一元三吉惟貪輔弼常吉不隨元運轉移

有凶而有時乎凶所以其中有趨有避眞機妙用全須秘密耳眞知九星者豈惟貪巨武爲三吉卽破祿廉文輔弼五凶亦有吉時眞知八卦者豈惟坎離乾坤四陽卦爲凶卽震巽艮兌四陰卦亦有凶時斯得玄空大卦之眞訣矣奧語首揭此章乃挨星大卦之條例坤壬乙非盡巨門而與巨門爲一例艮丙辛非盡破軍而與破軍爲一例巽辰亥非盡武曲而與武曲爲一例甲癸申非盡貪狼而與貪狼爲一例此中隱然有挨星口訣必待眞傳人可推測而得若舊注

以坤壬乙天干從申子辰三合爲水局故曰文曲艮丙辛天干從寅午戌三合爲火局故曰廉貞之類謬矣又有云長生爲貪狼臨官爲巨門帝旺爲武曲亦謬

【直解】挨星五行即九星五行貪巨祿文廉武破輔弼一一挨去故曰挨星此五行原本洛書九氣而上應北斗主宰天地化育之道其氣無形可見者也無形之氣爲天所行也有形之質爲地所行也一二三四五六七八九即大五行爲天行氣爲地

交媾

行形之次序。非水火木金之在天成象。又非方圓直銳之在地成形。又非東木西金之方位。又非坎水離火之卦屬。故名之曰大玄空。此五行隨氣變遷。隨運轉移。天心一動。九宮便更。名非有定。氣隨星分。故曰非巨門而與巨門爲一例。非破軍而與破軍爲一例。如是則下卦起星之訣。定卦分星之奧。曉然矣。若拘拘於字義。則與玄空二字之意不合。

左爲陽。子癸至亥壬。右爲陰。午丁至巳丙。

即龍兮兩片即江南江西之義

姜氏曰、此節言大五行陰陽交媾之例。如陽在子癸至亥壬、則陰必在午丁至巳丙矣。自子至壬、自午至丙、路路有陽、路路有陰。以此為例、須人自悟也。非拘定左邊為陽、右邊為陰。若陰在左邊、則陽又在右邊矣。亦可云左右、亦可云東西、亦可云前後、亦可云南北、皆不定之位。雌雄交媾、非有死法。故曰玄空。舊注自子丑至戌亥左旋為陽、自午至申未右旋為陰、謬矣。

經　陰陽左右、是天地交媾之眞陰眞陽。如陽在子癸陰必在午丁陽在午丁陰必在子癸陽在左陰必在右陽在右陰必在左八卦四隅路路有陽路路有陰非拘定左邊爲陽右邊爲陰也陰陽有一定之氣無一定之所陰陽雖無定所隨時而在者也若拘拘於子癸午丁亥壬巳丙順則皆順逆則皆逆何來左與右耶楊公恐人拘定故特辨之陰陽左右是翻天倒地隨時顛倒之陰陽隨時顛倒左右自無一定苟曉顛倒無定之陰陽方知陽在彼陰必在此之竅矣

龍向水三者並重而專言山水者陰陽交媾在於山水故也三大卦如坤艮局只有兩卦必須山水兩處合此

雌與雄。交會合玄空。雄與雌。玄空卦內推。

姜氏曰玄空之義見于曾序江南節註

〔直解〕合玄空。卽合陰陽往來之玄空。陰陽往來之玄空。總在山上水裏。雌雄交會之內。故曰推也。得此訣。須知氣有一定之氣。而用無一定之用也。

山與水。須要明此理。水與山。禍福盡相關。

姜氏曰山有山之卦氣。水有水之卦氣。脫不得陰陽交媾之理。山有山之禍福。水有水之禍福。有山禍而水福。有山福而水禍。有山水皆福。有山水皆禍。互相

兩卦兩收中宮之氣以入穴方合作法故天玉曰山與水相對

關涉品配爲用

〔直解〕明此理者即明雌雄交會之理也此交會之理蓋以地之體主靜天之氣主動主動之氣生乎上主靜之氣成乎下雌雄交媾動靜生成此氣本無往不在無時不有無物不生者也所謂葬乘生氣即乘此生氣也葬得此生氣則天氣歸之天氣歸則地氣必從之矣如是則陰陽之道山水之理可得而知矣。山與水水與山是言山上水裏之排龍也明此理即明一山不論一山之陰陽一水

不論一水之陰陽而論與此山此水相見之陰陽也上節所云雌與雄雄與雌即是山上水裏元空交會有彼此生生之妙也
明玄空只在五行中知此法不須尋納甲
姜氏曰九星五行大卦之法只明玄空二字之義則衰旺生死瞭然指掌之間不必尋乾納甲坤納乙巽納辛艮納丙兌納丁震納庚離納壬坎納癸之天父地母一行所造卦例矣
〔直解〕無定無據無方無隅無始無終無形無跡無

陰陽交媾妙在顛倒順逆故特言之

往不在無時不有曰玄空五行者是挨星五行即大玄空九星五行非諸家之五行也切莫誤認九星五行之中有與時合者有與時背者八卦九星、本無有凶不合則凶本無有吉合時則吉如此則墓宅之興衰暸然矣何必用尋乾尋甲之法乎

顛顛倒二十四山有珠寶順逆行二十四山有火坑

姜氏曰顛倒順逆皆言陰陽交媾之妙二十四山陰陽不一吉凶無定合生旺則吉逢衰敗則凶山山皆有珠寶山山皆有火坑毫釐千里間不容髮非眞得

金龍即是水
龍以金為水母
故曰金龍
出金鎖秘

青囊之秘何以能辨之乎

直解　顛倒即翻天倒地之顛倒正是陰不是陰陽不是陽之顛倒下二句總論俗術之非

認金龍一經一緯義不窮動不動直待高人施妙用

姜氏曰易云乾為龍乾屬金乃指先天眞陽之氣無形可見者也地理取義于龍正謂此耳一經一緯即陰陽交媾之玅金龍之經緯隨處而有而動與不動去取分焉必其龍之動而後妙用出焉若不動者不可用也金龍既屬無形從何可認認得動處即知用

法所以有待高人也歟

【直解】認金龍者卽認無形之氣也無形之氣日往月來盈虛消長經緯無窮者也此氣從何可認苟能認得無形之氣孰往孰來誰消誰長方知其動與不動知得動處卽知察血脉認來龍之法矣一經一緯者卽動者運行於上無一息之停主降靜者安靜於下亘古不移主升升升降降上行下效縱橫顛倒總由動而使然也如舍經而言緯非但無氣質生成之妙理且無用往來之氣化孤陽不

生。緯亦空有是緯矣如舍緯而言經非但無寒暑以化物并無秋落春榮之變易獨陰不育經亦徒有是經矣。金龍既屬無形不在形跡上求動靜曉然矣不在干支方位上求動靜亦曉然矣

平龍八訣

第一義要識龍身行與止第二言來脉明堂不可偏第三法傳送功曹不高壓第四奇明堂十字有玄微第五妙前後青龍兩相照第六秘八國城門鎖正氣第七奧要向天心尋十道第八裁屈曲流神認去來第九神任他平地與青雲第十眞若有一鈌非眞情

穴者穴於止處也天元歌曰凡是止形皆可穴循山循水盡黄金是矣

来脉論龍神明堂論局勢明堂者向也

姜氏曰上節言金龍之動不動而此節緊項龍身行與止學者不可忽也葢有動則有止不動則雖有金龍只云行龍原無止氣故高人妙用以此爲第一有此一著然後其餘作法可次第而及也來脉明堂不可偏非謂來脉必與明堂直對不可偏側也若如所云則子龍必作午向亥龍必作巳向矣來龍結穴變化不一有直結者有横結者有側結者豈容執一楊公之意葢謂來脉自有來脉之受氣明堂自有明堂之受氣二者須各乘生旺兼而收之不可偏廢也傳

三陽不但後空左右亦須低空必平洋千金訣云平洋與山法不一坐後空尤吉左右低平前面高旺氣產英豪即此

城門即三叉口此句即察血脈以認來龍意

送功曹乃左右護龍星辰蓋眞龍起頂必高于護砂乃爲正結若左右二星反壓本山非龍體之正矣平地亦然貼身左右有高地掩蔽陽和房分不利俗術所不覺也十字玄微乃裁穴定向之法雖云明堂實從穴星內看十字明此十字則穴之上下左右向之偏正饒減盡于此矣其云玄微誠哉其玄微也歟前後青龍兩相照從案托龍虎定穴法者此義易知八國城也八國有不滿之處是曰城門蓋城門通正氣之出入而八國鎖之觀其鎖定之方便知是何卦之

正氣以測衰旺而定吉凶也故曰祕天心十道緊頂八國城門而來巒城門既定正氣之來踪而又當于穴內分清十道乃知入穴正氣廣狹輕重銖兩平衡之辨故曰奧此兩節專言入穴測氣非論形勢也不然則與明堂十字前後青龍兩條不幾于複乎屈曲流神已是合格之地然有此卦來則吉彼卦來則凶者槩以屈曲而用之誤矣須有裁度乃可變通取用故曰裁以上皆審氣之眞訣至微至渺者一著不到將有滲漏而失眞情矣平地高山總無二法上八句

各是一義。末二句。不過叮嚀以囑之。語氣湊拍借成十節耳。

【直解】第一義〇上節言。無形之氣動不動。此節言。有形之質止不止。楊公看雌雄之法。蓋以有形之質爲體。無形之氣爲用。一體一用。雖有動靜之殊。然必體立而後用行。故以龍身行止爲第一。經云。形止氣蓄。萬物化生。卽此之謂也。

第二言〇山有山之行止。水有水之行止。分定行止。然後辨其是地非地。再辨其屬何卦氣屬何生旺得爲不偏。不得。即謂偏。非坎龍離水之偏不偏也。

第三法○傳送功曹是前後左右輔從之別名。高壓者賓欺主之象也。

第四奇○明堂十字。乃裁穴定向之法。在未立穴以前。先看四面情形八方氣勢。次看來山來水合何時之生旺。再看內堂外堂去來止聚之方。如是則知穴之宜左宜右宜前宜後。自有一定不可移易之穴。自有一定不可移易之向矣。

第五訣○細看前後左右○龍虎案托○左爲龍○右爲虎○前爲案○後爲托○環抱開面相向有情爲照○兩相照者○八方相照有情也○

第六秘○城門二字最難拘碍○水有水之城門○山有山之城門○水之城門有三义○以三义爲城門○無三义○以水之照穴有情處爲城門○亦有以來處爲城門○亦有以去口爲城門○總以有權有力處爲是○山之城門○以入首束氣處爲城門○或以過峽起頂處爲城門○亦有以某處來脉○卽以某處爲城門○平

原平陽以枝浜界氣爲城門或以低田界水止處爲城門鎖正氣者看准城門正氣鎖定在何方也

第七輿。天心十道是用法之至美者也上文十道從形跡上看此節以體用合宜山水兼得便爲十道十道卽天卦之十道非地卦之十道也地卦之十道一九二八三七四六人人知之何以云輿楊公于此節發明要向天心尋者眞所謂披肝露胆之說陰陽相見之妙訣也苟能會得其理十道自然有處可尋當在向上分淸不用別處尋也

第八九十三節○水神雖以曲爲吉然有此處來則吉彼處來則凶者其中須有裁度平地青雲則高山平洋高山平洋其用則一十眞者龍穴沙水鬼曜朝對處處環抱朝拱更兼山得山之用法水得水之用法此即謂十眞或體好而用不能全合或用得而體少有偏側反跳之形總謂之缺以上十節須以龍眞穴的爲要龍果眞穴果的止自有止行自有行自有明堂自有功曹自有傳送自有十字自有城門左右自然照應流神自然屈曲如

言山龍不甚重卦氣也

接脈即接氣天元歌山法緊粘突下作穴呈此又名為接氣法君看當今富貴墳半是接氣非真結即倒杖之義

龍穴一有不的。外面空有萬重山。卽此謂也。明倒杖。卦坐陰陽何必想。

姜氏曰。此以下二節。專指山龍穴法。與平地無涉。因世人拘執淨陰淨陽之說。故一語破之。倒杖非必如俗傳十二倒杖法。此後人僞造也。只接脉二字。足盡倒杖之眞訣。既知接脉。便知眞穴。既得眞穴。便有眞向。自然之陰陽已得。又何必淨陰淨陽之拘拘哉。

【直解】此節申言裁穴定向之法。要在未立穴以前。先看山之來脉。從何起頂。從何入首。細細看進某干上是來脉某干上是入首辨清干支夫婦再看水之去來某處是來源某處是去口某處是三叉一一看到然後再辨孰陰孰陽誰得誰失方可剪裁趨避如卦坐倒杖等語總言乘氣收水之法何必想三字是言楊公不勉而中不思而得之致楊公當時攜杖登山隨機指點後人神其說爲有十二種倒杖法傳訛之至

識掌模太極分明必有圖

姜氏曰山龍真穴必有太極暈藏于地中此暈變化

不同而其理則一。非道眼孰能剖露哉

【直解】按識掌模三字分明是掌上起星辰類聚掌分之太極何曾說著地中之太極果是地中之太極與掌何相干涉。要得內極先求外極弗識外極焉識內極既識外極再尋內極從此尋極萬不失一要求太極先求的穴再尋蟬翼自有眞極。無物卽無極無極卽無物有物自有極有極自有物極以物定物以極分未生物先生極未生極先生物極生物物生極極物生生方知物物一太極

歸厚錄斡支章衆水雖豁一水發機發機之所與衆不齊名曰化氣吸噓歸臍即此故姜注曰兼平地而言也

知化氣。生尅制化須熟記。

姜氏曰、生旺之氣爲生。衰敗之氣爲尅。扶生旺之氣。勝衰敗之氣。是爲制化此一節兼平地而言

〔直解〕知化氣。要知天地化育之氣。化育之氣。至公至平。無往不在。無時不有。既知此氣。再細細考其所以生。所以化。所以尅制之理。苟能熟記於胸中。則天地之氣機。墓宅之興衰。瞭然矣。生尅卽五行之生尅。制與化。葢言以文制武。以貴治賤。以長治劝。以尊治卑之理。三綱五常。爲王道之制化。此理

之當然也陰陽剛柔水火木金爲五行之制化此氣之當然也其事雖異其理則一細心參考制化之理自得矣。虛則補其母實則瀉其子亦是制化之妙法也

說五星方圓尖秀要分明

曉高低星峯須辨得玄微

鬼與曜生死去來眞要妙

姜氏曰此三節皆論山龍形體不須另解鬼曜之生死去來是辨龍穴之要著也龍之轉結者背後必有

鬼有穴星如許長而鬼亦如許長者俗眼難辨有反在鬼上求穴者不知穴星是來脉爲生鬼身是去脉爲死察其去來而眞僞立辨矣盡龍左右龍虎都生曜氣向外反張有似乎砂之飛走者此眞氣有餘直衝上前而餘氣帶轉如人當風振臂衣袖飄揚反向後也在眞龍正穴則爲曜氣在無有穴之地則爲砂飛此其辨在龍穴而不在砂也

【直解】五星即木直金圓土方水曲火尖之五星要分明者要說五星正變之象也

[illegible]棋之
[illegible]星峯巒
[illegible]挨排之

[illegible]秀美 [illegible]挨之以 [illegible]粗頑者 加之以財 由女配夫 向救即 元微

合九星生旺非元運而實與元運爲一

天元歌向水攀龍非不美後山有水始爲裏向水亦即攀龍格

星峯在旺方宜高衰方宜低是楊曾之眞訣須高處得高處之五行低處得低處之五行元微者各得其宜也

鬼曜專論挨生棄死之法

向放水生旺有吉休囚否

姜氏曰向中放水世人莫不以來水特朝爲至吉去水元辰走泄爲至凶殊不知向上之水不論去來若合生旺則來固吉去亦吉若逢休囚則去固凶來亦凶楊公因向上之水關係尤緊其說最能誤人故特

辨之。

直解　大凡向上之星。得生旺為要。五歌云、向首一星災禍柄。向上無水去來者。猶可。或有水去來者。或有水聚者。或見水光者。或合成三叉者。此謂之玄關。又謂之城門。關繫盛衰之地。最為緊要。可不加意細察乎。○重在玄空得失。不重水之去來。然來水特朝。去水走泄。其形人所易曉。生旺休囚。世所不識

二十四山分五行。知得榮枯死與生。翻天倒地對不同。

首句即坤壬

乙巨门云云也

一生一尅即零正即衰旺即雌雄交媾

一切随元運為轉移故有宜有不宜

其中秘密在玄空認龍立穴要分明在人仔細辨天心天心既辨穴何難但把向中放水看從外生入名爲進定知財寶積如山從內生出名爲退家內錢財皆盡費生入尅入名爲旺子孫高官盡富貴

姜氏曰玄空大卦之妙只翻天倒地對不同七字二十四山既分定五行則榮枯生死宜有一定矣及其入用有用于此時則吉用于彼時則凶者時之對不同者其一也有用之此處則吉用之彼處則凶者物之對不同者又其一也此其秘密之理非傳心不可

九〇〇 天	〇〇六 丁	〇〇五 未
六〇〇 甲	八五二	〇〇四 辛 人
五〇〇 寅	〇〇三 地	〇〇 水

天心○即上文第七奧之天心○另有辨法○非時師所謂天心十道也○若如時師之說○又何用仔細耶○天心既辨○則穴中正氣已定○而撓其權者○在向中所放之水也○從外生入○從內生出○此言穴中所向之氣也○我居于衰敗○而受外來生旺之氣○所謂從外生入也○我居於生旺○而受外來衰敗之氣○似乎我反生之○故云從內生出也○此言穴中所向之氣○穴中旣有生入之氣矣○而水又在衰敗之方○則水來尅我○適所以生我也○內外之氣○一生一尅○皆成生旺○兩美相合○諸福畢臻○

所以高官富貴有異于常也此其中正有對不同者存焉舊注所云小玄空水生向尅向爲進神向生水尅水爲退神非是青囊豈有兩玄空五行耶

【直解】二十四山何山當順推五行何山當逆挨九星知此即知得生死榮枯矣何山順何山逆有一定之氣無一定之位須參與時偕行與時偕極自有一陰一陽隨時而在者也曉得在在之陰陽空中分陰陽定五行之訣可得矣如生出生入尅出尅入乃言穴中所向之氣也穴中所向之氣衰旺

二語扼要

有運死生隨時不可以一例求之者也

脉息生旺要知因龍歇脉寒災禍侵縱有他山來救助空勞祿馬護龍行

姜氏曰此下二節總一篇之意言先尋龍脉以定穴之有無次論九星以辨氣之吉凶也此一節先言形體而以來龍之脉息爲重外砂之護夾爲輕

直解生旺是氣運之生旺知氣運之生旺方可立向消納剪裁趨避倘不知此氣則趨非所趨避非所避空用祿馬貴人有何益哉山龍眞結到落

脉入首處必有似有似無呼吸浮沉之動氣此謂之脉息猶人身之六脉一般身之六脉主宰血氣流行三焦灌溉全體脉非他物即神之別名也華元化云脉者氣血之先也先也者主宰乎氣血之神也由此觀之脉之生旺豈可忽乎

勸君再把星辰辨吉凶禍福如神見識得此篇眞妙微又見郭璞再出現

姜氏曰此一節乃言卦氣而以九星大五行爲主言如上節所云雖得來龍脉息之眞穴而吉凶禍福向

未能取必。勸君再將挨星訣法。細審衰旺生死。而後可趨吉而避凶。轉禍而爲福。一篇之旨。不過如此。苟能識其微妙。前賢與後賢。一般見識。一般作用。青囊三卷更無餘義矣。

總論楊公此篇。其言玄空大卦。挨星五行。卽青囊經上卷陽生于陰之義。而下卷理寓于氣之妙用也。其言倒杖太極暈五星脉息。卽青囊經中卷形止氣蓄之義。而下卷氣囿于形之妙用也。一形一氣。括盡青囊之旨。而究其玄機正訣。如環無端。不可捉摸。謂之

曰奧語宜哉

【直解】龍穴砂水分合向背諸般皆有形跡可見是眞是假人所易曉惟大玄空五行之法世所不知即古今以來知者不過數人而已再者楊公教得訣者而言也謂既得眞訣又得吉地再將大五行之情性剛柔往來進退盈虛消長細細審辨而後趨避如是則體與用無所不當矣

細按再辨兩字明明教得訣者而言也謂既得眞訣再將星辰考究明徹星有吉凶消長有陰陽往

來。有氣色情性。有五行稟性。有三吉五吉。有統令專令。於五常有君臣父子夫婦昆弟。於時有秋冬春夏於物有方圓直銳。於五行有水火木金諸星。各有所司。諸物各有所稟。苟能細細考究明徹。前賢後賢。一般見識。一般作用。誠哉。得訣者所當辨也。

地理辨正卷之二終

三大卦

地理辨正卷之三

杜陵蔣平階大鴻補傳　門人　武陵胡泰徵　會稽姜垚　較正

無心道人增補　直解

天玉經　唐楊益筠松撰

內傳上

江東一卦從來吉。八神四個一。江西一卦排龍位。八神四個二。南北八神共一卦。端的應無差。

天玉內傳即青囊奧語、挨星五行玄空大卦之理。楊

江東一四七為一卦

江西三六九為一卦

南北二五八為一卦

每一卦都不離二五八故曰八神共應無差

三大卦所以審龍運辨衰旺生死也此為第一著先天大五行所以收山出煞

東卦起於西西卦起於東皆非從本位自起南北一卦直從本位之子字午字起故曰實並自起

公妙用止有一法更無二門此乃反覆其詞以授曾公安者也江南江北江東江西曾序已先下注脚矣但南北東西應有四卦而此云三卦者緣玄空五行八卦排來止有三卦故也江東一卦者卦起于西所謂江西龍去望江東故曰江東也八神即八卦之中經四位而起父母故曰八神四個言八神之中歷四位也一者此一卦只管一卦之事不能兼通他卦也江西一卦者卦起于東反而言之即謂江東龍去望江西亦可故曰江西也亦于八卦之中經四位而起

也此爲第二著而其究也仍不離後天方位以此三層工夫缺一不可而皆屬卦理精微妙用故曰三般卦

三大卦皆歸根於二五八故三大卦亦可分作兩大卦故曰東西二卦眞奇異又曰分卻東西兩箇卦是也此中奧竅誰

父母故亦曰八神四個二者此一卦兼管二卦之事而不能全收三卦也此如坎至巽乃第四位巽至兌亦第四位八卦之中各經四卦故曰八神四個也南北八神者乃江北一卦所謂江南龍來江北望也不云四個者此卦突然自起不經位數與東西兩卦不同也八神共一卦者此卦包含三卦總該八神又非八神四個二之比也夫此東西南北三卦有一卦止得一卦之用者有一卦兼得二卦之用者有一卦盡得三卦之用者此謂玄空大卦秘密寶藏非眞傳止

能知之三大卦即三元中元寄於四六故三元寶只兩元而三卦實只兩卦也衰旺生死即於此辨之嗚呼至矣

授斷不能洞悉其妙者也

俗註寅至丙爲東卦申至壬爲西卦午至坤爲南卦子至艮爲北卦非

[直解]江東一卦即後天之震卦江西一卦即洛書之兌位既論元運震有震之吉時兌有兌之旺運今先將震之吉時而論震爲三天元之末運可知待震卦當令坎坤都已過時矣即得不爲我吉巽又屬一元故曰四個一此一卦只得一卦之用不能兼通他卦故也然非卦之不能時之不能也再

看後文六建分明另六龍注用本卦支神干神之說則六建是一卦中之三卦旁爻六爻而六建則三陽當以三卦中爻爲是

論兌卦兌爲七下元之首運可知既屬首該包三卦即以七數至九亦該得三吉曰二者何也惟玄空心法中只得艮兌不得離九故曰四個二此一卦只得兼通二卦之用不能全收三卦故也此非時之不能天卦之不能也八神者即坎坤震巽離艮兌乾也共一卦者即共此一卦而爲九也能用此一卦所建之處即能全收三卦總該八神又非八神四個二之所可比也讀者先將九宮八卦分清孰往孰來誰消誰長再憑掌上尋得一卦二卦

天玉經　可以堂

三卦之法。知起於東。起於西。青囊之奧得矣。

二十四龍管三卦。莫與時師話。忽然知得便通仙。代代鼓駢闐。

二十四龍本是八卦。而八卦又分為三卦。此玄空之秘。必須口傳。若俗注丙本南離而反屬東卦。壬本北坎而反屬西卦。牽強支離。悖理之極。且云四個一者。寅辰丙乙四個在一龍。四個二者。申戌壬辛四個在二龍。又屬無謂。

〔直解〕二十四山本是八卦。此云三卦者何也。法將

即掌訣山水

九宮分配三元一元分得三卦即一二三四五六七八九也然法雖如此用要變通不可執一三四五五六七八九一亦爲三卦總要與葬時之一卦合而生即爲吉退而衰即爲凶經云將來者進成功者退即此謂也三卦即三般卦之三卦此卦周流六虛無所不至此陰彼陽無時不易即八卦二十四龍陰陽顛倒變化錯縱都由此而起故曰管也

天卦江東掌上尋知了值千金地畫八卦誰能會山與

相對即交媾坎水即離山震水即兌山即龍分兩片之義與青囊序江南龍來江北望節評互看山即龍也非泛言山須知

水相對

天地東西南北皆對待之名所謂陰陽交媾玄空大卦之妙用也此節方將山與水相對一言畧指一班泄漏春光矣非分天卦于江東分山水相對于地卦也若以辭害志分別支離即同癡人說夢矣

俗注天卦地支從天干以向論水神旺墓地卦天干從地支以龍論山水生死可笑

〔直解〕天卦即玄空江東即玄空中之生旺山與水相對者水上之星即山上之星山上之星即生旺

之星將此生旺之星輪到城門或山上此爲山與水相對非必拘定要水與山相對只要水上之星與時相對耳○天卦地卦非天父地母之俗說切莫誤認天卦即無形之氣運行于上萬物生生之始也江東者無形氣中之生旺也三元各有生旺故云江東江西此氣無形可見無跡可尋全憑往來消長之中細辨某爲江東某爲江西在江東時用江東爲令星在江西時用江西爲令星隨時取用之法曉然明白再查有形有跡之八方何方來水

龍神生旺要受父母之氣前兼者父母去兼子息父母氣旺故最吉後兼者子息來兼父母故次之實

何方去水何方來龍何方入首何方高何方低何方水口三叉有形無形相交會于其間再查山上龍神水裏龍神雌雄相對與否此相對非坎龍必須離水之相對兌龍必須震水之相對所謂相對者山上水裏與時相對也

父母陰陽仔細尋前後相兼定前後相兼兩路看分定兩邊安

卦有卦之父母爻有爻之父母皆陰陽交媾之妙理此節前後指卦爻而言一卦之中為父母卦前卦後

照論兼注綦詳惟以能得父母之氣為上故前兼貴於後兼也

偏旁兩路節爲了息若不仔細審察恐于父母之胎元不眞而陰陽有差錯矣

俗注以前兼後爲天卦屬向首後兼前爲地卦屬龍家爲兩邊者非

〔直解〕父母是隨氣建極之父母陰陽是隨時變易之陰陽此陰陽名有定名位無定位須從顛倒變易之中細細辨其陰陽分其順逆故曰尋也前後是言山上水裏之前後山上水裏各有用法故曰兩邊安也兩邊兩路總言山上水裏來往各得其

龍向水要合三卦

此三卦者卽三大卦中之一四七二五八三六九各自爲三卦也非三大卦亦非三般卦卽先天大五行有圖訣

用耳。

卦內八卦不出位。代代人尊貴。向水流歸一路行。到處有聲名。龍行出卦無官貴。不用勞心力。只把天醫福德裝。未解見榮光。

八卦之內有三卦。在三卦之內則爲不出卦而吉。三卦之外卽爲出卦而凶。向須卦內之向。水須卦內之水。二者皆歸本卦。則全美矣。天醫卽巨門。福德卽武曲。此乃一行所造小遊年卦例。以亂挨星之眞者也。蓋謂世人誤認卦例爲九星五行。必不能獲福也。

直解山得山之卦內水得水之卦內向得向之卦內此謂不出位中二句甚言不出卦之妙如行龍先見錯雜水神又流出卦來龍來水先帶駁雜用法又兼巨武之差錯內外都出是爲眞出

即龍分兩片江南龍來江北望之義

倒排父母陰龍位山向同流水十二陰陽一路排總是卦中來

倒排父母卽顛倒顛之義陰陽交媾皆倒排之法山向與水神必倒排以定陰陽十二陰陽卽備二十四山之理言雖有二十四位陰陽總不脫八卦爲父母

也

【直解】倒排、即顛倒山向水神必須顛倒以定陰陽二十四山或順或逆總自顛倒中來也

顛倒二字盡之矣

關天關地定雌雄富貴此中逢翻天倒地對不同秘密在玄空

雌雄交媾之所乃天地之關竅知其關竅而后交媾可定也江南龍來江北望江西龍去望江東此為翻天倒地已詳奧語注中

浴注以辰戌丑未為關天關地非

直解關卽察也看也關天者察天運行消長之氣也關地者看地之是地非地干支顛倒之雌雄也天地形氣旣定再分雌雄再定順逆再憑掌上排其吉凶取其合時合運者用之失時失令者去之此挨星之妙秘密深藏全在玄空上着眼不在形跡上尋也故曰對不同在玄空天地二字指干支而言關卽關空中變易之干支知空中變易之干支卽知定雌雄分順逆之奥矣翻倒是言陰可作陽陽可作陰陰不是陰陽不是陽之翻倒也

三陽即三吉六秀即六建二神即向水各有二神後本向本水四神爲是如此解較妥如專取丙午丁爲三陽未詳其義

三陽水向盡源流。富貴永無休。三陽六秀二神當立見入朝堂。

三陽者、丙午丁也。天玉青囊既重挨星生旺矣。而此節提出三陽。別有深意。非筆舌所能道。六秀者本卦之二爻。故曰二神。天玉以卦之父母爲三吉。以卦之子息爲六秀。

俗注艮丙巽辛兌丁爲六秀。非。

直解　三陽水向是活潑潑地。一處有一處之三陽。一時有一時之三陽。此處可作三陽。彼處亦可作

乾坤艮巽號御街並不錯但須辨衰旺耳

三陽此時有三陽彼時亦有三陽三陽二字隨氣變遷不可執一注中獨提丙午丁三字不過以此爲例耳

水到御街官便至神童狀元出印綬若然居水口御街近台輔鼕鼕鼓角隨流水艷艷紅旂貴

鼓角紅旂皆以形象言

俗注乾坤艮巽爲御街長生前一位爲鼓角後二位爲紅旂非

直解 御街指來水印綬言羅星鼓角紅旂皆是砂

之美名此節皆以象取類應之耳俗注論方位非

上按三才并六建排定陰陽筭下撥玉輦捍門流龍去

要回頭

三才即三吉六建即六秀此節上二句論方位故須

排定陰陽下二句論形勢玉輦捍門皆指去水須纏

身兜抱謂之日回回頭也

俗注以長生諸位爲六建及玉輦捍門俱就方位言

者非

直解六建三才言來山來水干支卦位之吉凶陰

三卦故用六建

四正用干四隅用支凡大形大局方用此其實三星五吉足矣天元歌求全不必水來多一道單纏養太和滑水不在多如特差錯宜避耳

陽算者卽算山上水裏得失之屬也玉輦捍門皆指去水回頭者去而復回有戀戀不舍之情狀也

六建分明號六龍名姓達天聰正山正向流支上寡天遭刑杖

下二句緊接上二句而言水之取六建是矣然卦之山向在四隅卦中則用本卦支神之六建在四正卦中又當用本卦干神之六建若卦取正山正向而水又流他卦之支上是陰差陽錯而必有寡夭刑杖之憂矣舉四正卦而四隅卦不辨自明矣此節以下専

辨干支零正陰陽純雜毫釐千里之微

【直解】水法中有天建地建人建馬建祿建財建此六建乃上好格局然恐水多則易犯差錯故特辨之假如四正卦上有水當用本卦干神爲六建如壬子癸一卦壬癸爲建子爲才又爲吉或兼丑或兼亥則有寡天刑杖之憂知此則四隅之卦可以類推矣

前後五節總是辨方位定吉凶之法六建三才二神三吉丙午巳丙指方位干支而言究其所以然

此但可云不出卦不得為真夫婦也注尚猶

必須體用兼到爲要也

共路兩神爲夫婦認取眞神路仙人秘密定陰陽便是眞龍岡

共路兩神即一干一支也一干一支皆可爲夫婦然有眞夫婦有假夫婦眞夫婦爲正龍假夫婦即非正龍矣如巽巳爲眞夫婦丙午亦眞夫婦若巳丙則不得爲眞夫婦矣其他倣此

【直解】兩神即一干一支壬子亥壬眞假之屬也認取指來山來水兼坐向而言也看准來山來水干

拈出零正二字青囊之機洩矣

即東西卦

一語道破無限索解

支夫婦、再辨其孰陰孰陽。是眞是假、便是分陰陽定五行之綱領。故名之曰眞神路。

陰陽二字看零正。坐向須知病。若遇正神正位裝。撥水入零堂。零堂正向須知好。認取來山腦。水上排龍點位裝。積粟萬餘倉。

青囊天玉、蓋以卦內生旺之位爲正神。以出卦衰敗之位爲零神。故陰陽交媾、全在零正二字。零正不明、生旺必有病矣。若知其故、而以正神裝在向上、爲生入。而以零神裝在水上、爲剋入。則零堂正向、豈不兼

来山即来龍与後先定来山後定向節參看總要龍向水同在卦内

收其妙乎向水既妙而來山之腦未必與坐向相合又當認取果來山又與坐向同在卦內則來脈又合非但一向之旺氣而已惟水亦然蓋山有來山之腦水亦有來水之源水龍即是山龍亦須節節排去點位裝成果能步步零神則水之來脈與水之入口同一氣山之坐向與山之來脈同一氣斯零正二途別無間雜而爲大地無疑矣

直解 零正即陰陽消長之道陽長即零轉而爲正陽消則正轉而爲零消長不一陰陽無定苟能考

究消長之精微方曉坐山朝向之病不病矣坐向謂坐之得則坐向之得則向重在得與弗得不重坐與向也

正神百步始成龍水短便遭凶零神不問長和短吉凶不同斷

此承上文而言正神正位裝向固吉矣然其向中來氣須深遠悠長而后成龍若然短淺則氣不聚難以致福至于水則不然一遇正神雖一節二節其殺立應矣其零神之長短又與正神有異使零神而在水

零水正向

雖短亦吉。若零神而在向，雖短亦凶。是零神之吉凶，在水向之分，而不係乎長短也。

〔直解〕正神言山上排龍，零神言水上排龍。山上排龍排得正神所到之方，宜來龍來脈實地高山，俱吉，有水則凶。所謂百步者，甚言其最近也。水上排龍排得旺神所臨之地，得水便吉，無論遠與近也。此亦平洋裁穴定向之要訣也。○山上之零神，即水裏之正神；水裏之零神，即山上之正神。上元之正神，即下元之零神；下元之正神，即上元之零神

生剋即衰旺之說

零正無定隨時運行而升降者也

父母排來到子息須去認生剋水上排龍照位分兄弟更子孫

亦承上排龍而言卦之中氣爲父母卦之二爻爲子息而本宮他卦之父母爲兄弟上二句言山上排龍下二句言水上排龍山上排龍從父母排到子息總是一卦則卦氣純矣然須認其卦之生剋若得卦之生氣則純乎吉若得卦之剋氣則純乎凶矣豈可以其卦之純一而遂謂吉哉山上排龍來脈一路大都

生成合十皆屬一氣否則不用

只在一卦之內至于水上排龍則不然水有一路來者亦有兩三路來者故須照位分開而不能拘一卦之父母只要旁來之水亦在父母一氣之卦謂之兄弟兄弟卦內又有子孫雖非一父母而總是一家骨肉來路雖多不害其爲吉也凶者反是

【直解】上二句言山上排龍下二句言水上排龍山上排龍以山爲龍者也穴後有主山卽以主山爲父母無主山以入首束氣處爲父母其餘博換傳變高低起伏開帳結頂之處卽爲子息此子息是

形象之子息非挨排之子息挨排之子息葢以主山入首處挨着五行爲父母開帳起祖之處挨着五行爲子息此處五行總要有益於主山入首者爲生與主山相剋相反者即爲剋非是主山火曜不取艮金祖帶廉貞無用曲水之呆法也水上排龍以水爲龍者也水有一處來者有兩三處來者有四五處來者總以照穴有情有力處爲主衆水排龍之法排着同元一氣者爲兄弟挨得五吉三星者亦爲兄弟兄弟之左右兩爻便爲子息非子

五行即九星下同以九星分至五行也

父財官之子息也

二十四山分兩路認取五行主龍中交戰水中裝便是正龍傷前面若無凶交破莫斷爲凶禍凶星看在何公頭仔細認蹤由

此一節專舉卦之差錯者而言兩路者陰陽生死也二十四山每山皆有兩路非分開二十四山歸兩路也兩路之中須認取五行之所主五行所主貴在清純若龍中所受之氣既不清純而吉凶交戰矣倘能以水之清純者救之庶龍氣遇水制伏而交戰之凶

總見水神能操禍福之柄

威可殺。奈何又將龍中交戰之卦。裝入水中。則生氣之雜出者。不能爲福。而死氣之雜出者。適足爲禍。正龍有不受其傷者乎。然水之差錯。其力足以相勝。吉多者吉勝凶。凶多者凶勝吉。入口雖然交戰而來。水源頭若無凶星變破。則氣猶兩平。雖不致福。亦未可遽斷爲凶禍。且凶星之應。亦有公位之分。吉凶雙到之局。只看某房受著。便于此房斷其有禍。不受著者亦不應也。非如純凶不雜之水。房房受其殃禍之比、故其終尤當仔細認云。

来山即来龍
蹤即認三叉

直解 五行主者、山水清純一卦之主也。如來龍出卦。與左鄰右舍相雜。此謂龍中交戰。水神又流出卦。與他卦干支混淆。此謂水中交戰。挨星又一得一失。裝在水中。此謂空中交戰。山與水俱屬吉凶交戰。用又半吉半凶。如是正龍有不受其傷者乎。前面言水。水上挨星若無凶星交戰。未可遽言其凶。末二句與公位若來之意同耳。

先定來山後定向。聯珠不相放。須知細覓五行蹤。富貴結全龍。

天玉經

山者對水而言非高山也須知蓋山與向為一家水自為一家所謂山與水相對言山而向在其中矣

此節單就山上龍神而言青囊天玉原以來山所受之氣與向上所受之氣分爲兩局然兩局又非截然兩路故云聯珠不相放此不可約畧求之者也須當細覓蹤跡若是富貴悠久之地必然來山是此卦而向首亦是此卦一氣清純方得謂之全龍耳

【直解】先定來山者先將山上星辰用得合法山管人丁故以山爲先也後定向者向首一星禍福之柄水主財祿故以向爲後也山向雖有先後之分其用則一故云不相放細覓五行踪者要在翻天

即換一吉星到向

倒地中細覓也。全龍者、向首是此一卦來山、亦是此一卦。氣質清純。陰陽相配。此謂之全龍也。

五行若然翻值向。百年子孫旺。陰陽配合亦同論。富貴此中尋、

此節亦上二句言山上龍神。下二句言水裏龍神。五行翻值向者。五行之旺氣值向也。翻即翻天倒地之翻。言生旺氣翻從向上生入也。山管人丁。故云百年子孫旺。而富貴亦在其中矣。陰陽配合。水來配合也。亦與向上之氣同論。但用法有殊耳。水管財祿。故云

總要得父母之氣

富貴此中尋而子孫亦在其中矣

〔直解〕翻卽翻天倒地之翻五行値向者天元九氣之旺星翻値向也陰陽配合者陽水陰山雌雄配合元竅相通也翻倒雌有山水之分其用則一故曰亦同論此卽山水陰陽顛倒顛之意

東西父母三般卦筭値千金價二十四路出高官緋入長安父母不是未爲好無官只豪富

此節發明用卦之理重卦體而輕爻重父母而輕息蓋同一生旺而力量懸殊也言東西而南北在

三般卦者一天心正運之一卦一坎離交媾先天大五行一卦一後天方位一卦所謂三般卦即此

中矣青囊天玉之秘只有三般訣若二十四路不出三般之內則貴顯何疑然卦內又當問其是卦之父母否高官緋紫必是父母之氣源大流長所以貴耳若非父母而但乘爻神子息之旺則得氣淺薄僅可豪富而已

〔直解〕此陰彼陽此東彼西名無定名位無定位陰陽顛倒變化錯縱方是眞元空眞陰陽眞五行眞血脉眞龍神若拘呆法硬派某干屬陽某干屬陰某山旺某元某水旺某運者

挨一吉星亦可滅凶

眞諦何曾夢見耶。東西卽顛倒父母卽陰陽三般卽顛倒顛顛元空起父母之三般此三般總由日月往來運行遷謝父母陰陽隨時而在者也。體與用各有陰陽父母用有隨機建極之父母隨時變易之陰陽體有重卦輕爻重父母而輕子息之趨避楊公恐人誤會故又翻覆詳辨之耳

父母排來看左右向首分休咎雙山雙向水零神富貴永無貧若遇正神須敗絕五行當分別隔向一神仲子

千萬細推詳

亦承上文用卦須父母而言。父母排來要排來山之龍脈也。來山屈曲必不能盡屬父母。兼看左右兩交子息若何。若子息清純不雜。又須向首所受之氣逢生旺則休。遇衰敗則咎。若雙山雙向卦氣錯雜。須得水之外氣悉屬零神。剋入相助。則雙山雙向爲水神所制。伏而富貴可期矣。萬一水路又屬正神。則生出剋出兩路皆空。而敗絕不能免矣。公位之說。乃因洛書八卦震兌坎離而定孟仲季三子之位。隔向一神

猶在離卦之內故云仲子天玉畧露一斑以爲分房取驗之矩矱言仲而孟季可以類推矣

〔直解〕山向乃穴之主腦吉凶萬端從此而出順逆陰陽從此而分如用雙山五行之山雙山五行之向卦氣已屬兩家左右順逆仍屬一氣者無礙水用零神毫無夾雜亦能發福倘所坐所向之方界乎半陰半陽之地水神又在不零不正之間如是欲謂之左非左謂之右非右謂之正非正謂之零非零矣山向水神生出剋出敗絕必不能免矣夫雙

山雙向卦氣既屬不一則九星從何氣而分其陰陽從何卦而別其順逆乎當分別者謂當分坐山得何五行向首得何五行知坐山向首之五行則某山吉某山凶某水合某水不合不辨而自明矣所云隔向一神者帝釋是也俗術分房之說都以左爲長右爲季面前爲仲註云隔向一神猶在離宮之內蓋指一時一氣一宮一向而言也若時運變遷斗轉星移則隔向一神亦隨之而變易矣隔向一神既隨之而變易則孟仲亦隨之而更換

精妙語

斷非左孟右季之呆法也。可知矣。

若行公位看順逆。接得方奇特。宮位若來見逆龍。男女失其蹤。

承上文仲子一神而槩言公位之說。順則生旺。逆則死絕。然不云生死而云順逆者。若論山上龍神則以生氣爲順。死氣爲逆。若論水裏龍神則又以死氣爲順。生氣爲逆。故也。

直解公位卽孟仲季分房之說。順逆卽往來得失之屬。接得云者。蓋現在與將來相接也。現在與將

總要得父母之氣
龍向水不出三般卦而又挨得吉星則富貴

來相接方爲奇特如與過去已往者相接便謂之逆又有半與將來相接半與已往相接亦謂之逆是有失蹤之患矣註中以生氣爲順死氣爲逆專指山上排龍而言若論水裏排龍則又以生氣爲得死氣爲失顛之倒之所謂水用逆星仍用順卽同此意

更看父母下三吉三般卦第一

通篇皆明父母三般卦理反覆詳盡矣終篇復申言之若曰千言萬語只有此一事而已無復他說矣蓋

何疑故下文即接曰惟有挨星為最貴也

致其叮嚀反覆之意云。

〔直解〕三吉、即一元三吉。三般、即顚倒顚玄空起父母之三般。習是術而不知此三般起父母之奧。一切說玄說妙。總屬胡言。反覆叮嚀。不過反覆詳盡之意耳。

內傳中

二十四山起八宮。貪巨武輔雄。四邊盡是逃亡穴。下後令人絕。

此節反言以見旨。與起下文之意。言一行所作小遊

挨星
挨星有三一元
空大五行挨星

年卦例以二十四山起八宮而取貪巨武輔爲四吉若其說果是則宜乎隨手下穴皆吉地矣何以四邊盡是逃亡穴下後反令人敗絶哉則知卦例不足信而別有眞機如下文所云也

〔直解〕八宮卦例以八卦之陰陽分順逆并有以六十四卦每卦分得八卦定吉凶者亦非也○此節專論八宮卦例之非恐人誤認故特辨之

惟有挨星爲最貴泄漏天機秘天機若然安在內家活當富貴天機若然安在外家活漸退敗五星配出九星

一貪狼起首挨星法一坤壬乙巨門從頭出一法平洋訣一不可山龍只用元空五行亦有覓不用者山龍原不重此也然亦不得出卦

名天下任橫行

緊接上文卦例既不可用惟有挨星玄空大五行乃爲陰陽之最貴者天機秘密不可流傳于世但可偶一泄漏而已安在內不出三般卦之內也安在外出三般卦之外出卦不出卦禍福迥分安得不貴耶夫挨星五行非如遊年卦例但取四吉而已葢八卦五行配出九星上應斗杓知九星之作用便可橫行天下無不響應矣卦例云乎哉

直解　法將得時得令之星安合時合局之水謂之

安在內自有富貴之應若令星不得其所謂之安在外自有退敗之患在山在水一同論也五星配出九星卽八卦配出九宮九宮分作三元如此推度行乎天下無不響應孰定卦例之說者宜細推之方知此是彼非所云最貴者謂法之最貴也得傳之後切不可泄洩天機輕示非人以招造物之忌也是法始于晉盛于唐自五代及宋元注書立說者數十百家諸法雜出以僞亂眞紛紛聚訟龍蛇莫辨于是有心者無所依歸求食者藉爲憑信

順逆法
不見三元盤者不知也如坎卦壬子癸壬爲陽子癸爲陰是也五行在卦順逆則在干支陽順陰逆

如是則僞者日盛。眞者日益失矣。

干維乾艮巽坤壬陽順。星辰輪支神坎震離兌癸。陰卦逆行。取分定陰陽歸兩路。順逆推排去。知生知死亦知貧留取教兒孫。

此節分出玄空大卦干支定位。以足前篇父母子息之義。四維之卦。以天干爲主者也。干維曰陽。四正之卦。以地支爲主者也。地支曰陰。此陰陽非交媾之陰陽也。知卦之所主。則父母子息不問而自明矣。其陰陽兩路。每一卦中皆有陰陽兩路可分。非將八卦分爲兩路何者屬陰何者屬陽也其順逆推排卽陰陽兩路分定之法非乾艮巽坤爲陽順坎震離兌爲陰逆若如此分輪則皆順也何云逆乎至于四卦之末各綴一字曰壬曰癸此又挨星秘中之秘可以心傳而不可以顯言者也

【直解】四維之卦以乾坤艮巽爲主四正之卦以子午卯酉爲主知卦之所主卽知卦之父母子息矣知此卽知何者屬陽何者屬陰空中分陰陽定五行辨順逆之法矣所言壬癸是隨時而在之壬

癸非方位干支之壬癸即在在之壬癸亦有陰陽兩路可分當細細揣之自得在氣不在方之訣矣

○乾坤艮巽子午卯酉皆卦之中氣卦之中氣爲父母偏傍兩爻爲子息

天地父母三般卦時師未會話玄空大卦神仙說本是此經訣不說宗枝但亂傳開口莫胡言若還不信此經文但覆古人墳

日天地曰東西曰父母曰玄空曰挨星異名而同實若于字義屑屑分疏則支離矣此節蓋恐學者得傳

之後以為太易而輕忽之故極言贊美以鄭重其辭非別有他義也說到覆古人墳是徵信實著予得傳以來洞徹玄空之理今故注此經文駁前人之謬由捷了當畧無畏縮皆取信于覆古人墳蓋驗之已往證之將來深信其一毫之無誤自許心契古人而可以告無罪于萬世也

直解　天地即干支父母是變易干支之父母三般即翻天倒地顛倒二十四龍之三般宗枝者起父母之宗枝也起父母之宗枝若不從此三般便是偽

東西二卦六七八九四三二一二十四山分五行故曰五行山下知蹤即辨三叉知出脈是名入首

[illegible]轉移隨[illegible]易名有[illegible]名位無定[illegible]動極生靜[illegible]極生動陽[illegible]占陰陰極

法然此三般卦訣秘密深藏貴在心傳難以言顯楊公說到覆古人墳蓋驗之已往卽可証之將來深信其一毫無訛耳

分卻東西兩個卦會者傳天下學取仙人經一宗切莫亂談空五行山下問來由入首便知蹤

此亦叮嚀告戒之語而歸重于入首蓋入首一節初年立應尤不可不愼也

直解　分者卽分元空顛倒之機也元空顛倒之機蓋以來者爲東往者爲西陽者爲東陰者爲西制

孕陽動卽靜之始靜卽動是微陽卽陰了來陰、卽陽生能從陰共動靜之中分出来爲來采爲往起星卜卦之法自

論父母卦

者爲東靜者爲西。非世俗以坎離震兌分東、西也。又非以十二支左兼右兼、水法之左到右到分東西也。兩個是言隨時而在之陰陽也。苟能分得在在之陰陽。則知此陰彼陽此東彼西之兩個矣。曉得此兩個定卦分星之奥。下卦起星之訣。畧見一班矣。

分定子孫十二位。災禍相連值千災萬禍少人知。剋者論宗枝。

此節直斜時師悞認子孫之害。蓋子孫自卦中分出

不得生旺則受剋矣父母即八卦四正支四維干也

位位不同豈如俗師干從支支從干二十四路止作十二位論若如此論法必致葬者災禍相連值矣既遭災禍而俗師終不知所以災禍之故胡猜亂猜或云干凶或云支凶總非眞消息也夫災禍之發乃龍氣受剋所致而龍氣之受剋實不在干支葢有為干支之宗者焉所謂父母是也知其宗之受剋則知干支亦隨之而受剋所以不免災禍耳深言十二位分子孫之說之謬如此

【直解】當世所用雙山五行之法呆將二十四山分

巳丙四九
亥壬六一
申庚二七
寅甲三八

此係出直解

作十二位論陰陽辨順逆總由不知顛倒顛玄空起父母之宗枝也玄空起父母之宗枝二十四山陰陽不一顛倒無定隨氣運行隨時變易乃是眞玄空眞陰陽眞五行若拘呆法硬派某干屬陽某干屬陰者斷非知音之輩也

五行位中出一位仔細秘中記假若來龍骨不眞從此誤千人

此節又詳言出卦不出卦之密旨葢同一出位而有卦內卦外之不同若在卦內則似出而非出若在卦

来龍在三叉處認

外則眞出矣此中有秘當密密記之在卦內則龍骨眞在卦外則龍骨不眞矣

直解 地卦不出天卦不合即謂卦外地卦出而天卦不出是謂卦內卦內云者在天心生旺之卦內也出一位即巳丙亥壬申庚寅甲之出一位曉得出一位之眞訣隨手拈來無非妙用所謂不眞者非龍脈石骨水口種種之不眞是挨星訣之眞不眞也如不得眞訣所誤豈止于人而已哉出一位即是兼貪兼輔之出一位山水錯雜用合補救此謂

龍向水要合三卦水要合本元三吉收在前面非三吉水全到只要一吉二吉水到亦爲大地楊公用三合在此處

之骨眞又名卦內水有三吉四吉元空僅得其一二即謂不眞又名卦外當細細揣之自少悞入之作矣

一個排來千百個莫把星辰錯龍要合向向合水水合三吉位合祿合馬合官星本卦生旺許合凶合吉合辟瑞何法能趨避但看太歲是何神立地見分明成敗定斷何公位三合年中是

一個排來變化不一故有千百個也龍向水相合前篇已盡祿馬官星在本卦生旺則應不然則不應此見生旺爲重而祿馬官星在所輕矣

天玉經　　河洛堂

来山即来龍天卦者生旺之氣也

〔直解〕合而爲一散而爲九縱橫顛倒流轉星辰變易不一陰陽無定千百個者甚言陰陽之千變無窮也星辰錯非爲合官合貴之錯正言不合生旺之錯龍向水都合生旺再合之以官貴自然應驗倘不合生旺空堆祿馬貴人有何益哉所言太歲三合總論錯不錯之應驗也

排星仔細看五行看自何卦生來山八卦不知蹤八卦九星空順逆排來各不同天卦在其中

五行總在何卦中生不在干支中定所謂父母子息

氣謂元運
用謂順逆

也不知八卦既缺從何而來則九星無處排矣蓋星卦之順逆各有不同即此一卦入用或當順推或當逆推有一定之氣而無一定之用所謂天下諸書對不同也要而言之則玄空二字之義盡之矣

【直解】何卦生蓋言何元之生旺何運之主張五行者天心流轉之五行也天心流轉之機總在何卦之所主何卦之所生仔細查准然後分陰陽定五行則知何山當順推何山當逆挨九星若不知何卦所生何卦所主之踪跡八卦九星豈非空

又言順逆補前干維節未盡之旨雙起

有耶即此一卦用於此處當順用於彼處當逆用於此時當順用於彼時當逆此乃天卦在中之所使也

甲庚丙壬俱屬陽順推五行詳乙辛丁癸俱屬陰逆推論五行陰陽順逆不同途須向此中求九星雙起雌雄異玄關眞妙處

此畧舉干神卦氣之例陽四干則順推八卦陰四干則逆推八卦一順一逆雖不同途而此中有一定之卦氣可深求而得者至其每卦之中皆有一雌一雄

向水分卦向東水西向西水東非方位之東西須知

雙雙起之法乃陰陽交媾玄關妙處也又不止一卦有一卦之用而已舉八干而支神之法亦在其中矣

【直解】所言甲庚是來何地落何宮隨氣變易之甲庚非東甲西庚之方位如拘於東西甲庚之方位則二十四山宜有一定何來有時占陽有時喚陰之更變耶占陽即陽喚陰即陰豈非九星雙起一山兩用之元關耶

東西二卦眞奇異須知本向本水四神奇代代著緋衣。

此節又重言向水各一卦氣兼收生旺之妙向上有兩神水上有兩神故曰四神

【直解】二卦者山有山之卦氣水有水之卦氣山有山之用法水有水之用法也本向本水者水得本元之水向得本元之向也向上有兩神水上有兩神此謂四神此四神當在陰陽交會上推算不在別處也水得本元之水自無上山之患山得本元之山自無下水之病矣

卦卦皆出三

水流出卦有何全一代作官員一折一代爲官祿二折

假卦也

二代福。三折父母共長流。馬上錦衣遊。馬上斬頭水出卦。一代爲官罷。直山直水去無翻。場務小官班。

水不出卦。須折折在父母本宮。若折出本宮。雖折而後代不發矣。馬上斬頭。即一折父母便流出卦。如斬頭而去也。本卦水又以曲折爲貴。乃許世代高官。若止直流。雖然本卦。而官職卑矣。

直解 此節專言曲水之吉凶。水有一兩曲者。有八九曲者。經云。水曲則氣動。水折則氣活。水法雖以曲爲吉。然曲多則易犯出卦。必須曲曲折折都在

三六九
三大卦作法舉
九三六爲法二

一氣之内。一宮之間。方爲上吉。錦衣云者。甚言曲而不出之吉也。如一曲一折。便屬零正混淆。陰陽夾雜。卽爲出卦。亦有近水清純。遠水雜亂者。亦有遠水清純。而近水錯雜者。亦謂之出卦。自有一代之應驗也。所謂塲務小官者。是言直來直去之應驗也。

内傳下

乾山乾向水朝乾。乾峯出狀元。卯山卯向迎源水。驟富石崇比。午山午向午來堂。大將值邊疆。坤山坤向水坤

五八只舉一隅猶坤壬乙巨門云云只說得一半書中引而不發類如此

流富貴永無休。

此明立空大卦向水兼收之法舉四山以例其餘皆卦內之清純者也乾宮卦內之山作乾宮卦內之向而收乾宮卦內之水則龍向水三者俱歸生旺矣非回龍顧祖之說也或云狀元或云大將或云驟富者亦錯舉以見意不可拘執

直解 乾山者乾運卦內之山也乾向者乾運卦內之向也乾水乾峯者水亦乾運卦內之水峯亦乾運卦內之峯也然非坐水之說其訣可以一語破

者向上水上之星即山上之星也

辨得陰陽兩路行五星要分明泥鰍浪裏跳龍門渤海便翻身

陰陽兩路上文屢見此重言以申明之耳下二句言變化之易

直解 辨即辨玄空變易之陰陽辨清玄空變易之陰陽自曉陰陽順逆之兩路矣既識兩路再辨山上水裏之宜忌氣運消長之得失陽水陰山之配合兼貪兼輔之得宜自能一葬便與魚龍變化於

四神者兩坎兩離也向水各有一坎離故曰本向本水四神奇然必推本来龍方合三卦

頃刻間也。

依得四神爲第一。官職無休息。穴中八卦要知情。穴內卦裝清。

前篇本向本水四神奇是姑置來龍而但重向水此節穴上八卦要知情又從穴上逆推到來龍以補四神之不及穴上是龍穴內卽向也

【直解】依者承上文而言也上文專言向水上之四神此節兼山向水而言也穴中指山穴內言水山上水裏各有兩神故曰四神此四神先要曉得何

子午卯酉四龍岡寅申巳亥騎龍走辰戌丑未叩金龍皆以支神求龍也

支水去來凶一節係天玉原[illegible]所刪

山得何五行何水得何五行細細裝淸方知山上得何兩神向首得何兩神水裏得何兩神如是可得四神之提訣矣

要求富貴三般卦出卦家貧乏寅申巳亥水來長五行向中藏辰戌丑未叩金龍動得永不窮若還借庫富後貧自庫樂長春

前篇甲庚壬丙一節是四正之卦此節又補四隅之卦觀此則支水去來凶之言當活看不可死看矣辰戌丑未雖俗云四庫其實玄空不重墓庫之說借庫

出卦也。自庫不出卦也。是重在出卦不出卦。不重墓庫也。

【直解】寅申巳亥、辰戌丑未、俱屬四維之交、神五行、即大元空九星五行卯金龍向中藏者是言水裏龍神得與失也、得爲動、又謂自庫不得即謂出卦、又謂借庫借庫自庫、不論水之去來總要得五行生旺之氣、不必拘於庫與不庫也、○時師一見水來便云立某向收某方水來爲長生水到堂左、水到右者當立陽向、如右水到左者當立陰向長

生官旺方水宜來衰病死絕方水宜去去處必須辰丑戌未方便爲歸庫九州一例中外皆然深可痛哉

大都星起何方是五行長生旺大旆相對起高岡職位在學堂捍門官國華表起山水亦同例水秀峯奇出大官四位一般看

此節言水上星辰即山上星辰只要得生旺之氣在山在水一同論也

直解此節言山上水裏左右功曹龍虎案托捍門

總重生旺不重星宿

華表貴得生旺之氣在山在水一同論也

坎離水火中天過龍墀移帝座寶葢鳳閣四維朝寶殿登龍樓罡刼弔殺休犯著四墓多銷鑠金枝玉葉四孟裝金廂玉印藏

坎離水火一句乃一章之所重其餘星宿總是得生旺則加之美名逢死絕則稱為惡曜名非有定星隨氣變者也

直解 中天過移帝座卽江南龍來江北望之意其餘星宿名非有定星隨氣變者也

打劫法

帝釋一神定縣府紫微同八武倒排父母養龍神富貴萬餘春

帝釋丙也八武壬也紫微亥也帝釋神之最尊故以縣府名之其實陰陽二宅得此貴之極矣然其妙用在乎倒排非正用也

直解 註云最尊最貴貴不在乎帝釋而貴在紫微與八武同到也然其妙用在乎倒排非正排也所云倒排即顛倒顛之倒排非左旋右到之倒排也

識得父母三般卦便是眞神路北斗七星去打劫離宮

七劫一三劫八上元用七八運之山中元用一九運之山下元用四六運之山用此者全在用九星用零正收生旺之氣放死退之氣

要相合

上二句。引起下文之義。言識得三卦父母。已是眞神路矣。猶須曉得北斗七星打劫之法。則三般卦之精髓方得。而最上一乘之作用也。北斗云何。知離宮之相合。卽知北斗之義矣。

【直解】父母。是經四位之父母。三般。是坎至巽。巽至兌。兌至坎。顛倒顛之三般。知此顛倒顛玄空。起父母之三般。便是大玄空之神路矣。北斗者。隨時立極之氣也。隨時立極之氣。日往月來。星移斗轉。縱橫顛倒總由此而使然也七星者由現在而逆推到第七此處五行正與立極之氣相反最易發禍要相合者要使發禍者變而爲發福相反者轉而爲相合也

子午卯酉四龍岡作祖人財旺水長百里佐君王水短便遭傷

取子午卯酉以其父母氣旺也言四正則四維可以例推矣水短遭傷以見出卦之故

〔直解〕四正之卦以地支爲主四隅之卦以乾坤艮

巽爲主山水二龍均以此爲父母也○此節專辨山水二龍干支卦位之父母子息以辨力量之輕重也

識得陰陽兩路行富貴達京城不識陰陽兩路行萬丈火坑深

此卽顛顛倒之意皆上文所已言而詠嘆之

【直解】此識得二字明明對習術者而言也識得、卽識隨時而在之陰陽曉得隨在之陰陽陰陽一宅自能得心應手名並管郭流傳千古也倘不識此

總見零神正神為二宅秘要

蔣法具詳寶照經批

訣胡行亂作火坑之深淺豈可窮其丈尺也哉

前兼龍神前兼向聯珠莫相放後兼龍神後兼向排定陰陽算明得零神與正神指日入青雲不識零神與正神代代絕除根

龍神向首皆有兼前兼後之法兼者父母兼子息子息兼父母此即正神零神之義

【直解】前兼後兼即顧前顧後之意前兼者向上排龍也向上既得生旺排到來山又生來山之生旺此謂之前兼後兼者山上排龍也山上既得生旺

即顛倒義

排到向首又生向首之生生旺此謂之後兼前與後零與正陰與陽總要排定何處得零何處得正分別陰陽前後推算得失也

倒排父母是眞龍子息達天聰順排父母倒子息代代人財退

父母子息皆須倒排而不用順排如旺氣在坎癸倒排則不用坎癸而得眞旺氣順排則眞用坎癸而反得殺氣矣似是而非毫釐千里立空大卦千言萬語惟在于此

直解註云旺氣在坎癸倒排則不用坎癸而得眞旺氣者讀者須從廉武上去推求順排則眞用坎癸而反得其殺氣看五六不知到何卦位耳

一龍宮中水便行子息受艱辛四三二一龍逆去四子均榮貴龍行位遠主離鄉四位發經商

此節又申言本卦水須折折相顧若一折之後便出本卦雖然得發必受艱辛矣必三四節逆去皆在本卦乃諸子齊發也位遠即出卦一出卦即主離鄉若出卦之後又還歸本卦反主爲商得財而歸其應驗

之不爽如此

直解一龍者一節水也一節之後便流出卦子孫雖發必受艱辛四三二一龍逆去者巽震坤坎逆流而去也位遠離鄉言近水旣流出卦畧遠又還歸本卦兒孫自有此應

時師不識挨星學只作天心摸東邊財穀引歸西北到南方推老龍終日卧山中何嘗不易逢止是自家眼不的亂把山岡覓

東邊財穀二句託喻卽江南龍來江北望之義玄空

妙訣也嘆息世人不得眞傳胡行亂走旨哉言乎

【直解】東引西歸北到南推二語眞靑囊之秘天玉諸書之奧矣老龍者是玄空運行之龍也玄空運行之龍自有玄空尋覔之法反從山岡上去尋覔何異刻舟求劍耶

世人不知天機秘洩破有何益汝今傳得地中仙玄空妙難言翻天倒地更玄玄大卦不易傳更有收山出煞訣亦兼爲汝說相逢大地能幾人個個是知心若還求地不種德穩口深藏舌

篇終述叙授受之意深戒曾公安之善寶之也結語歸重于種德今之得傳者不愼擇人輕泄泿示恐雖得吉地不能實受其福矣而泄天寶者重違先師之戒其不干造物之怒而自取禍咎者幾希矣

直解此法造物之所忌先師之所秘恐人輕洩故於篇終特又叮嚀教戒之耳穩口穩口無取災禍

地理辨正卷之三終

地理辨正卷之四

雲間蔣平階大鴻補傳　門人　會稽姜　垚參定

無心道人增補　直解

都天寶照經　唐楊筠松著

上篇

楊公妙應不多言實實作家傳人生禍福由天定賢達能安命貧賤安墳富貴興全憑龍穴眞龍在山中不出山掛在大山間若是沙曲星辰正收得陽神定斷然一葬便興隆父發子傳榮

蔣氏曰。此一節專論深山出脉。老龍幹氣。生出嫩支之穴。

直解 此節論深山老龍幹氣。專取嫩枝之法。謂既得嫩枝。再求眞穴情形。再看主山端正。峯巒秀美。神氣充足。砂水朝歸。再兼用法。處處得宜。自有一葬便興之應。龍在山中。不出山。掛在大山間者。此言老幹抽出嫩枝之情狀也。

好龍脫刼。出平洋。百十里來。長離祖。離宗。星辰出此。是眞龍骨。前途節節出兒孫。文武脉中分。直見大溪方住手諸山皆不走個個回頭向穴前城郭要周完水口亂石堆水中此地出豪雄若得遠來龍脫刦發福無休歇穴見陽神三摺朝此地出官僚不問三男并五子富貴房房起津湖溪澗同此看衣祿榮華斷大水大河齊到處千里來龍住水口羅星鎖住門似大將屯軍落頭定有一星形非火土即金正脉落平三五里見水方能止二水相交不用砂只要石如麻更看硤石高山鎖密密來包裹此是軍州大地形細說與君聽

蔣氏曰此一節專言大幹傳變行龍盡結之穴謂之

脫刼龍。又名出洋龍。雖云城郭要周完。總之城郭都在龍身上見。不必于穴上見。盡龍到脫刼出洋。雖衆山擁衛而行。前數節羣支翼張。羽儀簇簇。至于幾經脫卸之后。近身數節。將結穴時。龍之踪跡愈變。而龍之機勢愈疾。此非左右二砂所能幾及。往往龍只單行。譬之大將匹馬單刀。所向無前。一時偏裨小挍。都追從不及。所以有不用砂之說也。高山不甚重水。獨此等龍穴。以水爲證者何。與山剛水柔。水隨山之行以爲行。山不隨水之止以爲止。而云直見大溪方住者非謂山脉遇水而止也正因山脉行時水不得不與之俱行則山脉息時水不得不與之俱息故幹龍大盡之地自然兩水交環有似乎千里來龍遇水而止也既云不用砂而又云密密包裹者何也夫結穴之處雖不取必于兩砂齊抱要之真龍憩息之際定不孤行外纏夾輔隱隱相從水口星辰有時出現大爲硤石小爲羅星近在數里遠之二三十里皆不可拘前所謂砂指本身龍虎而言後所謂鎖指外護捍門而言也只要石如麻則不止謂水口而已正言本

身結穴之地。蓋幹龍剝換數十節。其渡水崩洪穿田過硤不止一處。若非石骨龍行。何以見眞龍結體。今人平地墩阜悞認來龍。指爲大地。正坐此弊也。凡去山數里。卽有高阜。或由人工。或出天造。旣無眞脉相連。又不見石骨稜起。總不謂之龍穴。所以落平之龍重起星辰。必要石如麻也。有石脉乃爲眞龍。有石穴乃爲眞穴。山龍五星皆結穴。其云落頭一星。獨取火土金者。大約近祖支龍宛蜒而下。都結水木。出洋幹結踴躍而起。都作火土金。雖不可盡拘。而大體有如是者前章一葬便興父發子榮是言山中支結龍[illegible]而局窄往往易發此章言發福無休歇五子房房起是言出洋大盡龍老而局寬往往遲發而久長意在言表也

姜氏曰前章言山谷初落之穴此言出洋盡結之穴山龍之法雖不盡于此而大畧已備于此矣

直解　上節言老龍幹結此節言出洋盡結大凡龍氣落平穿江渡河脫卸淨盡再起星峯者謂之脫劫又名出洋氣勢踴躍千變無窮難於言狀只可

言其大槩情形耳

天下軍州總任空何曾撐著後頭龍只向水神朝處取莫說後無主立穴動靜中間求須看龍到頭

蔣氏曰此節以下皆發明平洋龍格與山龍無涉矣楊公唐末人唐之言軍州猶今之言郡縣也盖以軍州爲證見城邑鄉村人家墓宅凡落平洋竝不論後龍來脉但取水神朝繞便爲眞龍憩息之鄉夫地靜物也水動物也水之所止即是地脉所鍾一動一靜之間陰陽交媾雌雄牝牡化育萬物之源所謂玄竅

相通即丹家玄關一竅也此便是龍之到頭非合陰陽交會之所而別尋龍之到頭也識得此竅則知平洋眞龍訣法而楊公寶照之秘旨盡矣看龍到頭有口訣

直解 動靜二字其說有三一山形水勢有陰陽動靜之分一干支卦位有陰陽動靜之分一天主動地主靜天地有陰陽動靜之分天主動即其至動之中亦有四時往來陰陽動靜之分地主靜即其至靜之中亦有起伏行止陰陽動靜之分天以靜而生地以動而成曉得至動之中有靜至靜之中

有動看龍到頭之法過半矣立穴之法亦過半矣所云到頭者非山之到頭又非水之到頭正謂玄空生旺到水謂之到頭也此到頭二字乃空龍之妙訣當默默識之隨時變易顛倒無定者謂之動止蓄團聚于支純粹謂之靜靜者安定于下動者流行于上觀其靜與動氣與質相配相得之處便是到頭註云另有口訣大畧如是

楊公妙訣無多說因見黃公心性拙全憑掌上起星辰類聚裝成爲妙訣大山與作破軍星五星所聚脉難分

但看出身一路脉到頭要分水土金又從分水脈脊處
便把羅經照出路節節同行過峽眞前去必定有好處
子字出脉子字尋莫教差錯丑與壬若是陽差與陰錯
勸君不必費心尋

蔣氏曰自此章以下皆楊公平洋秘訣字字血脉而又字字隱謎非眞得口口相傳天機鈐訣者未許執語言文句方寸羅經而妄談二十四山八卦九星之理也苟得口傳心受則雖愚夫穉子可悟楊公心訣不得口傳心受縱智過千夫讀破萬卷何能道隻字

耶此書乃楊公當日裝成掌訣傳與黃居士妙應者大山喚作破軍星言水法渙散迷茫之處五星混雜出脉未見分明槩名之曰破軍而不入龍格只取龍神一路出身之脉其脉又分水土金三星合貪巨武爲吉而餘星皆所不取此三星者乃形局之星非卦爻方位之貪巨武也學者切莫誤認自分水脉脊以下乃屬方位理氣矣故云便把羅經照出路也葢看得水神龍脉既合三吉星格其地似可取裁乃將指南辨其方位以定卦之合不合也合卦則用之不合

卦仍未可用也節節同行卦無偏雜乃許其爲過脉峽眞而知前去定有好穴不然則行龍先見駁雜到頭何處剪裁子字以下乃直指看龍訣法而舉坎卦一卦爲例若出脉是子字須行龍只在子字一宮之內乃爲卦氣清純如偏于左而癸與丑雜是子癸一卦而丑字又犯一卦也如偏于右而壬與亥雜是壬子一卦而亥字又犯一卦也此爲卦中之陽差陰錯非全美之龍故云不必費心尋也

【直解】水法渙散之處、五星混雜、卦爻錯亂、最難分辨只要貼身小水引動龍神有千流萬派都歸此小水之情狀者卽是一路出身脉也此水之星體情形方位干支曲直動靜須辨合與不合星體合吉則用之不合則不必用之所謂子字出脉子字尋總言看龍之法理氣之要稍有不合卽是陰差陽錯之龍矣

子癸午丁天元宮卯乙酉辛一路同若有山水一同到半穴乾坤艮巽宮取得輔星成五吉山中有此是眞龍

蔣氏曰此承上節羅經照過峽詳言方位理氣卽天

玉玄空大卦之作用也其法分子午卯酉爲天元宮寅申巳亥爲人元宮辰戌丑未爲地元宮隱然天元之妙理引而不發欲使學者得訣方悟其敢妄泄天秘犯造物之忌哉此取四仲之支爲天元宮者非此四支皆屬天元乃謂此四支之中有天元者存也而其本文又不正言子午卯酉乙辛丁癸必錯舉子癸午丁卯乙酉辛者此其立言之法已備出脉審峽定卦分星之密旨觀一路同三字同中微異須加剖別巳在言外下文乃全露其機云此八宮同到半穴乾

坤艮巽宮矣一同到非謂此八宮一同到也亦非謂八宮之山與八宮之水一同到也謂此四支中任舉一支與此四干中一干比肩同到卽雜乾坤艮巽之氣矣蓋子午卯酉本是四正之龍而與八支同到卽有一半四隅之龍不可不辨辨之不清則欲取天元而非純乎天元矣末二句輔星五吉指天元宮最親者言蓋天元龍雖包諸卦而九星止有三吉恐日久發洩太盡末肖衰微故須兼收輔弼宮龍神合氣入穴以成五吉然後一元而兼兩元龍力悠遠不替矣

故目之曰眞龍極其贊美之辭也此節言山者皆指水蓋平洋以水爲山水中即有山矣輔星即是九星中左輔右弼蓋有二例一則九宮卦例以一白配貪狼二黑配巨門三碧配祿存四綠配文曲五黃配廉貞六白配武曲七赤配破軍八白配左輔九紫配右弼此天玉經玄空大卦之定理也一則八宮卦例將輔弼二星并一宮分配八卦製爲掌訣二十四山系於納甲之下互起貪狼爲立向消水之用陽宅天醫福德亦同此訣竊以之彰往察來皆無明驗蓋即天

玉所辨二十四山起八宮唐一行所造後人指爲滅蠻經者也二說眞僞判然不可誤認五吉即三吉葢形局九星以水土金三星爲貪巨武三吉而輔弼爲入穴收氣之用方位九星亦有三吉雖以貪狼統龍而毎宮自有三吉不專取巨武此節天元宮兼輔爲五吉中有隱語非筆墨所敢盡旣云五吉則分輔弼作兩星以配九宮其非八宮之訣明矣若在人地兩元別有兼法見諸下支此節以下所舉干支卦位俱帶隱謎若從實推詳不啻說夢非楊公言外之眞旨

矣

直解 註云、輔星天元宮之最親者、其言微乎玅乎。使人不易測識耳。楊公又云山中有此是眞龍。明明指我在水中。又不在天元之水中。正在天元最親最近之水中。然取于六八者非也。所云一同到者。一宮之水全到也。細玩其子癸午丁卯乙酉辛。輔弼已在言外矣。同到卽巳丙、亥壬、申庚寅甲丁未癸丑乙辰辛戌之同到。一同到、則卦爻雜亂。陰陽差錯。吉中有凶。不成美器矣。差錯之所雜亂之

方須挨輔星以補之是輔星雖非當令之星亦能先時補救化凶而爲吉者也所云取得輔星卽此之謂歟

辰戌丑未地元龍乾坤艮巽夫婦宗甲庚壬丙爲正龍脉取貪狼護正龍

蔣氏曰此取四季之支爲地元龍者亦謂此四支中有地元龍者存也此此四支原在乾坤艮巽卦內故曰夫婦宗此元氣局逼隘不能兼他元爲五吉止取貪狼一星眞脉入穴護衛正龍根本則卦氣未値其根

不搖卦氣已過源長流遠斯爲作家妙用貪狼卽在甲庚壬丙之中故但于此取正向乘正脉與天人兩元廣收五吉者有殊不言輔星輔弼已在其中故也楊公著書泛論錯舉之中其金針玉線一絲不漏蓋如此

直解 地元卽下二元逼隘非形局之逼隘氣運之逼隘故不曰五吉而曰護正龍卽八九一之謂也然在此時不曰五吉者何也謂下元未盡令星弗得弗用上元將交貪又弗得弗用若兼巨武

而爲五吉則吉凶參半非但不能爲福適足致禍所謂凶多者凶勝吉也豈非與天人兩元取五吉者有殊作家不可不辨

寅申巳亥人元來乙辛丁癸水來催更取貪狼成五吉

寅坤申艮御門開巳丙宜向天門上亥壬向得巽風吹

蔣氏曰此四孟之支亦屬四隅卦此四卦中有人元龍者存也天元之後卽應接人元楊公因三才三正之序顛倒錯列亦隱秘其天機使人不易測識耳此元龍格亦必兼貪狼而後先榮後凋若不兼貪狼處

其發遲而驟歇矣用乙辛丁癸水催之者謂此四水中有貪狠也此宮廣大兼容故旁及坤艮亦所不礙故曰御門開若是巳丙壬亥相兼則犯陰陽差錯之龍矣法宜去丙就巳去壬就亥以清乾巽之氣此則專為人元辨卦而言處處欲要歸一路葢一路者當時直達之機兼取者先時補救之道不直達則取勝無先鋒不補救則善後無良策二者不可偏廢也總觀三節支義子午卯酉配乙辛丁癸辰戌丑未配乾坤艮巽為夫婦同宗而寅申巳亥獨不配甲庚壬丙

爲夫婦則其本意不以甲庚壬丙屬寅申巳亥可知矣此正合天玉大五行作用而非十二支配十二干爲一路之俗說也故不曰寅申坤艮而曰寅坤申艮非以寅爲坤以申爲艮也巳屬巽而反曰天門亥屬乾而反曰巽風顚倒裝成其託意微而且幻類如此至其立言本旨不過隱然說出陰陽交互之象然篇中皆錯舉名目不肯分明至後節主客東西方露出端倪而終不顯言先賢之慈愼如此使我有洩泄天機之懼矣

直解八元自有八元合運之山水自有八元合運之星辰體用俱合八元僅有三吉四吉此云五吉者何也謂當時直達之星辰已得再取貪狼一星合成五吉以補悠遠用法之至要者也乙辛丁癸水來催者非謂此四水盡屬八元又非謂有此四水卽是貪狼正謂在是元用是山收是水或丁或乙或癸或辛有得貪狼者在耳御門開卽兼通出卦之意盖申與庚巳與丙亥與壬俱屬貼鄰易犯差錯之宮或巳出於丙告我向之以天門亥或雜

只可用其來不可親其已往此亦兼之一法也

于王叉令吹之以巽風楊公敎人補救直達深切著明至矣盡矣○輔亦可兼弼亦可兼諸星亦可兼貴在各乘其時耳先將當元之令星用得安妥再將先時補救之策或兼貪或兼輔多兼則元運不一吉凶參半註云欲取天元而非純乎天元欲取地元又非純乎地元葢謂此也總觀三節文義兼法俱要隨時酌量宜兼貪則兼貪宜兼輔則兼輔全在作者隨時兼取隨地變通耳

貪狼原是發來遲坐向穴中人未知立宅安墳過兩紀

方生貴子好男兒

蔣氏曰貪狼諸卦之統領得氣先而施力遠何云發遲此言人地兩元兼收之脉不當正卦傍他涵蓄故力不專是以遲也兩紀約畧之辭生貴子正見誕育賢才以昌世業隱含悠久之義非若他宮一卦乘時催官暫發之比若夫應之遲速是不一端烏可執此爲典要也

〔直解〕上數節言人地兼貪最易發福此云發遲者何也謂貪狼雖非人地兩元主運之星刦能補偏

救弊先榮後凋故曰遲也坐向言坐山向首之排龍也坐山向首之排龍或排貪狼到山或排到向首或排到水口三义奇峯貴砂定主產賢才昌世業發福無休無歇也

立宅安墳要合龍不須擬對好奇峯主人有禮客尊重客在西兮主在東

蔣氏曰山龍眞結必對尊星而後出脉或迴龍顧祖或枝幹相朝先有主峯乃始結穴故必以朝山爲重非重朝山正重本身出脉眞僞也平洋既無來落但

以水城論結穴水自水山自山雖有奇峯竝非一家骨肉向之無益故只從立穴處消詳堂局收五吉之氣謂之合龍而不以朝山爲正案也末二句乃一篇之大旨精微玄渺之譚所謂主客又不止於論向而指龍爲主入向爲賓客也主客猶云夫婦實指陰陽之對待山水之交媾一剛一柔一牝一牡玄竅相通皆在於此言有此主便有此客有此客便有此主主客雖云二物實一氣連貫如影隨形如谷答響交結根原一息不離非謂既有此主乃更求賢賓以對之

也東西盎舉一方而言亦可云主在西兮客在東亦可云主在北兮客在南主在南兮客在北八卦四隅無不皆然所謂陰陽顛倒顛也自天下軍州至此統論平洋龍法其中卦位干支秘訣總不出此二語故于結尾發之以包舉通篇之義學者所當潛思而曲體之者也

姜氏曰寶照發明平洋龍格開章直喝天下軍州戀坐空何須撑著後頭龍大聲疾呼朗吟高唱此爲楊公撰著此書通篇眼目振綱挈領之處不可泛泛讀

過蓋平洋龍格畢世所以茫然者只因俗師聾瞽將山龍裀入無從剖辨觸處成迷也平洋之作法既迷并山龍之眞格亦謬失其一并害其二矣楊公苦心喝此二語醒八千古大夢使知平洋二宅不論坐後來脉凡坐空之處反有眞龍坐實之處反無眞龍與山龍之胎息孕育截然相反欲學者從此一關打得透徹更不將剝換過峽高低起伏馬跡蛛絲草蛇灰線等字纏擾胸中只在陰陽大交會處悟出眞機而后八卦九星干支方位以次而陳絲絲入扣平龍消

息始無罣漏之虞平龍既無罣漏而山龍亦更無罣漏矣倘不明此義只將後龍來脉膠葛糾纏則造化眞精何從窺見雖授之以八卦九星之奧亦無所施也窮年皓首空自茫茫高山平洋總歸魔境我于是益嘆楊公度人心切也後篇所以覆舉二語重言以申明之意深切矣

此篇前十三句爲一章言深山支龍之穴中三十四句爲一章言幹龍脫殺出洋之穴此二章皆屬山龍後四十六句分七節爲一章言平洋水龍之穴

【直解】山龍看主山朝案以辨龍體之眞僞平洋對三文察血脉以認來龍之得失山洋一定不易之法也要合龍者觀九曜之合不合也奇峯者尖秀挺拔之峯也合元微則對之不合則不必對之所云主東客西即陽水陰山顛倒顛之義主人有禮者龍眞氣旺也龍果眞氣果旺前後左右輔從則加之美名如龍微氣衰雖有奇峯貴砂即改爲惡曜所以本主興隆殺曜變爲文曜龍身微賤牙刀化作屠刀即此之謂也○已上數節都屬半含半

吐但吞吐之間有深意存焉讀者當細心參考自有所得也

中篇

天下軍州總住空。何須撐著後來龍。時人不識玄機訣。只道後頭少撐龍。大凡軍州住空龍。便與平洋墓宅同。州縣人家住空龍。千軍萬馬悉能容。分明見者猶疑慮。龍不空時非活龍。教君看取州縣塲。盡是空龍撥擺蹤。莫嫌遠來無後龍。龍若空時氣不空。兩水界龍連生窟。穴得水兮何畏風。但看古來卿相地。平洋一穴勝千峯蔣氏曰。天下軍州二語。前篇已經喚醒。楊公之意。猶恐後人見不眞。信不篤。故反覆咏嘆。層層洗發。窮追到底。罄其所以然之故。又恐槩說軍州大勢。尚疑人家墓宅或有不然。故指實而言。軍州如是。墓宅亦無不如是。只勸世人揀擇空龍。切勿取實龍作撐也。所以然者何也。山龍只論脉來。平洋只論氣結。空則水活。而氣來融結。實則障蔽。而生氣阻塞。肉眼但見滿滿平田。毫無遮掩。疑爲坐下風吹散氣之地。不知水神界抱。陽氣冲和。平洋之穴。無水則四面皆風。有水

則八風頓息所謂氣乘風則散界水則止古人之言正爲平洋而發也

[直解]楊公恐人不信空龍之說特引州縣城池爲證然州縣城池未必盡屬後空人家墓宅亦非以坐空爲是坐實爲非只要坐空得坐空之五行坐實得坐實之五行方合龍空氣不空龍實氣不實之妙用中言得水承上文龍空氣不空龍實氣不實而申言之也此謂得者非以左右有水謂得亦非以前後有水謂得以所有之水得挨星生旺謂

得也

子午卯酉四山龍坐對乾坤艮巽宮莫依八卦陰陽取
陰陽差錯敗無窮百二十家渺無訣此訣玄機大祖宗
來龍須要望龍穴後若空時必有功帝座帝車並帝位
帝宮帝殿後當空萬代侯王皆禁斷予今隱出在江東
陰陽若能得遇此蚯蚓逢之便化龍

蔣氏曰此明八卦之理即前子午卯酉屬坎離震兌四卦乾坤艮巽又四卦之義也所謂坐對非指山向蓋四正卦與四隅卦兩兩相對故云然也八卦陰陽

者。指八卦五行。以乾卦領震坎艮三男而屬陽。坤卦領巽離兌三女而屬陰。此先天之體。非後天之用。以之論陰陽則差錯而敗不勝言矣。譚陰陽者百二十家。皆此是彼非。溷無眞訣。惟有玄空大卦乃陰陽五行大祖宗。聖聖相傳。非人勿示也。識得此訣。雖帝王大地。瞭若指掌。特禁秘而不敢言耳。楊公自言旣得至道。不敢炫燿於世。故披褐懷玉。抱道無言。然天寶雖秘。惜而救世之心。未嘗少懈。曾于天玉經江東一卦諸篇。隱出其旨。世之好陰陽者。有緣會遇。信而行

之項刻有魚龍變化之徵也或云楊公得道之後韜光晦跡背其鄉井隱於江東俟考

【直解】子午卯酉指地之四正而言乾坤艮巽指空之四維而言非必拘定要坐對乾坤之位只要玄空坐對二四六八便是陰陽二宅若能合此玄機自有魚龍之變化下文辰戌丑未甲庚壬丙即此意也。地氣南北不同山洋迥異即性之剛柔氣之老嫩亦隨處而各別者也切不可拘泥有誤天地生成之妙也地有相去數郡高卑無二者亦有相去數里、厚薄迴異者、亦有相去數步、而老嫩懸絕者、總要隨地取裁、不可執一、即坐水向水、後空後實、亦要各得其宜爲妥、切不可拘泥後空爲是後實爲非、亦不可拘拘後高爲是後空爲非、總要隨地適宜、高低各得爲是、所謂泥於古者、必不能愈今疾、拘於方者、決不能治遠人、即此之謂歟、

子午卯酉四山龍、支兼干出最豪雄、乙辛丁癸單行脉、
半吉之時又半凶。坐向乾坤艮巽位、兼輔而成五吉龍。

蔣氏曰。此皆楊公隱謎。舉四正爲例。若行龍在子午

卯酉四支長流不雜雜兼帶干位總不出本卦之內其脉清純故云最豪雄也若乙辛丁癸雜屬單行本兌少偏即犯他卦所以吉凶參半也言子午卯酉而乾坤艮巽不外是矣言乙辛丁癸而甲庚壬丙不外是矣辨龍既清乃於諸卦位中隨便立向則又以方圓爲規矩而未嘗執一者也

直解 此四卦重支之卦支兼干出即子癸、午丁、卯乙、酉辛、若乙辛丁癸而無子午卯酉兼出者即謂之單行脉也單行之脉稍有一偏即出他卦行龍出卦恐生旺不一、吉凶無定、所云坐向乾坤者、非必拘定坐向乾坤之位、只要天元取輔人地兼貪、全收五吉之氣也、單行之脉雖易出卦、有心者倘遇此種來龍、來脉龍穴眞的者、切莫棄而不取也、只要用得五吉、合得三星、其吉更勝于一卦清純者矣。

辰戌丑未四山坡。甲庚壬丙葬墳多。若依此理無差謬。
清貴聲名天下無。爲官自有起身路。兒孫白屋出登科。
八卦不是眞妙訣。時師休把口中歌。敗絶只因用卦差

何見依卦出高官陰山陽水皆眞吉下後兒孫禍百端
水若朝來須得水莫貪遠秀好峯巒審龍若依圖訣葬
官職榮華立可觀

蔣氏曰此指四隅龍脈而言而舉辰戌丑未爲隱謎
也謂此等行龍而取甲庚壬丙向者甚衆必須龍法
純全向法合吉毫無差謬而後淸貴之名卓于天下
也起身路正指來龍之路八卦本是眞訣而誤用則
禍福顛倒故云非妙訣後章八卦只有一卦通乃始
微露消息矣收水之法向云陽用陰朝陰用陽應乃

卦理至當不易之言而竟有陰山陽水陽山陰水反見災禍者則辨之不眞陽非陽而陰非陰也得水二字世人開口混說然非果識天機秘旨收入玄竅之中雖三陽六建齊會明堂虎抱龍迴涓滴不漏總未可謂之得若知得水眞訣即陰陽八卦之理示諸斯乎莫貪遠秀好峯即上篇已發之義致其叮嚀之意云爾

〔直解〕甲庚壬丙是隨時變易之甲庚壬丙非四維八干不易之甲庚壬丙讀者切莫誤認此理云

旨是山上水裏陰陽相配之理也山上水裏果能交之以陽配之以陰清貴聲名自然流傳天下八卦九星本是眞訣而此獨非者何也此中言板格之非也在地爲八卦九宮在天卽是北斗九星隨氣流行隨時變易往來無定者也拘拘於呆法變易者反以爲不易無定者執以爲有定所謂陽者非陽陰者非陰故謂之不眞所謂得水者非諸家五行之所謂得又非上元必須離水下元必須坎水之所謂得也此所謂得者是立空之得謂得也夫

辰戌丑未是四維八干不易之定位甲庚壬丙是周流六虛隨時而在之甲庚壬丙一空一實必須揣摩而得有形之質靜而不移無形之氣動而不息一動一靜一陰一陽相爲表裏一往一來一山一水兩相配合官職榮華自能立見矣

玄機妙訣有因由向指山峯細細求起造安墳依此訣
能令發福出公侯真向支山尋祖脉干神下穴永無憂
寅申巳亥騎龍走乙辛丁癸水交流若有此山并此水
白屋科名發不休昔日孫鍾阡此穴從此聲名表萬秋

蔣氏曰通篇皆言平洋此章乃插入山峯者何也蓋八卦九星乃陰陽之大總持故凡有山之水可以不論山而有水之山不能不論水若遇山水相兼之地未可但從山龍而論還須細細尋求亦必合此玄空大卦之訣而后墓宅產公侯也祖脉必要支山蓋從四正而論下穴立向則不拘干支矣此祖脉乃玄空之祖脉非山龍之來脉也讀者切勿錯認寅申巳亥乙辛丁癸俱屬易犯差錯之龍故曰騎龍走水交流文有殊義無別此山此水而科名不歇者不犯差錯

故也孫鍾墓在富陽天子崗本山龍而收富春江長流之水故引爲證

【直解】上四句言體用兼到之妙中二句承上文而言祖脉此祖脉非太祖少祖山龍之來脉又非干支公孫子母之祖脉此祖脉乃玄空之祖脉所謂天心是也數語當細細察之如乙辛丁癸寅申巳亥即上文所謂甲庚壬丙辰戌丑未之意時師都謂此山此水易犯差錯之龍皆棄之不取不知此山此水亦有發福者特引孫鍾墓爲證經云八方

位位有眞龍。爻象干支總一同。蓋謂此也。

來龍須看坐正穴。後若空時必有功。州縣官衙爲格局。必然清顯立威雄。范蠡蕭何韓信祖。乙辛丁癸足財豐。亥壬癸龍興祖格。巳丙壯相一般同。寅申巳亥等五吉。乙辛丁癸四位通。紫緋書錦何榮顯。三牲五鼎受王封。龍囘朝祖玄字水。科名榜眼及神童。後空已見前篇訣。穴要窩鉗脉到宮。試看州衙及臺閣。那個靠著後來龍。砂揖水朝爲上格。羅城擁衛穴居中。依圖取向無差誤。不是王侯即相公。

蔣氏曰後空之旨屢見篇中而此章又反覆不已者蓋後空不但無來脉而已并要坐下有水乃謂之活龍擺撥而成眞空有氣也故首句云坐正穴實指穴後有水取爲正坐也古賢舊蹟往往如此遍地鉗所謂杜甫盧仝李白祖此又引范蠡蕭何韓信總合此格下列諸干支言不論是何卦位只要合得五吉收歸坐後發福如許爾故下文即撥回龍朝祖立字水分明指出前朝曲水抱向穴後乃回龍顧祖之格也神童黃甲必可劵矣篇中又自言後空之訣已見前

篇然恐人誤認只取坐後無來脉便云有氣不知穴後必須水抱成窩鉗之形而後謂之到穴若但云空耳非坐水之空空何貴焉砂揖水朝羅城擁衞皆就水神而論穴正居中指坐穴也此節直說出王侯將相大地局法非泛論也

〔直解〕上節言山龍干神坐實之法此節言平洋五吉坐空之奧一山一水一空一實申言坐空坐實用法之不同也然後空之說前已詳言此又重言者何也恐人誤認不察水之幹枝向背也穴後之

水必要枝流拱向得祕抱繞有情再坐之以五吉此卽謂正穴又謂到宮所云巳丙亥壬總言不論是何卦位是何干支只要合得五吉毫無差謬神童黃甲卿相公侯有得之若操券者矣楊公恐人不信特引蕭韓祖墓爲證坐正穴者卽不偏不倚不上不下不浮不沉之謂也後空非以穴後有水謂空用法水弗得卽謂空如穴後有水而金龍到頭此謂龍空氣不空所謂脉到宮者卽此意也

天機妙訣本不同八卦只有一卦通乾坤艮巽邏何位

乙辛丁癸落何宮甲庚壬丙來何地星辰流轉要相逢
莫把天罡稱妙訣錯將八卦作先宗乾坤艮巽出官貴
乙辛丁癸田庄位甲庚壬丙最爲榮下後兒孫出神童
未審何山消此水合得天心造化工

蔣氏曰一部寶照經不下數千言皆半含半吐至此忽然漏泄葢陰陽大卦不過八卦之理而篇中乃云八卦不是眞妙訣者正爲不得眞傳不明用卦之法故也而其所以不明用卦之法者皆因泛言八卦而不知八卦之中止有一卦可用故也大五行秘訣不

過能用此一卦卽從此一卦流轉九星便知乾坤艮巽諸卦落在何宮二十四干支落在何宮而或吉或凶指掌瞭然矣俗師不得此訣妄立五行有從四墓上起天罡以爲放水出煞之用如何合得八卦之理夫收得山來乃出得煞去不知一卦作用山既無從收一卦不收諸卦干支又何從流轉九星求純棄駁而消水出煞乎今人但知二十四山處處可出官貴處處可旺田庄處處可出神童而不知二十四位水路交馳果下何卦收何山乃消得此水出得煞去夫

既不能收山出煞則其談八卦論干支皆胡言妄說而已何以契合天心而造化在手也天心即天運非善人合天之家不能遇也大五行所謂一卦即指大心正運之一卦也篇中露此二字其間玄妙難以名言楊公雖指出天心一卦之端而其下卦起星之訣究竟未嘗顯言則天機秘密須待口傳不敢筆之于書也

姜氏曰篇中八卦干支縱橫錯舉原非實義細玩此節何位何宮何地等句即知經文皆屬活句非死句

也我師于前篇註中切戒學者毋得執定方位意在此爾凡讀楊公書者當知此意非獨寶照而已天玉青囊無不皆然

〔直解〕一卦者一元一卦即天心正運之一卦也能用此一卦則知乾坤艮巽落在何宮二十四干支躔在何地或陰或陽或順或逆或左或右指掌瞭然矣不識此卦誤認五行八長生四墓庫左旋右轉以爲放水出殺之用不亦謬乎知此一卦即知收得山來出得殺去不知此一卦則談八卦論干

支皆糊言妄語而已豈能契合天心挽回造化哉
五星一訣非眞術城門一訣最爲良識得五星城門訣
立宅安墳定吉昌堪笑庸愚多慕此妄將卦例定陰陽
不向龍身觀出脉又從砂水斷災祥筠松寶照眞秘訣
父子雖親不肯說若人得遇是前緣天下橫行陸地仙
蔣氏曰前章既言一卦下穴收山出煞之義此章又
直指城門一訣楊公此論眞可謂披肝露膽矣蓋五
星之用其要訣俱在城門識得城門而后五吉有用
于此作二宅無不興隆者矣城門一訣與龍身出脉

正是一家骨肉精神貫通能識城門乃能觀出脉能觀出脉便能識城門故笑世人不識此秘而妄談卦例從沙水上亂說災祥也此以下皆楊公鏤精抉髓之言得此便是陸地神仙父子不傳夫亦師傳之禁戒如是豈敢違哉

直解 察血脉認來龍對三叉細認蹤種種要訣所重在城門識得城門即識龍來何脉矣城門即水之交會處關繫禍福之所令星緊要之處須得五吉三星補救直達斯爲盡善城門得城門之用法再

合兼貪兼輔之妙兩美相合立宅安墳造化自在掌握矣

世人只愛迴迴好不知水亂山顛倒時師但云講八卦却把陰陽分兩下陰山只用陽水朝陰水只用陽山收俗夫不識天機妙自把山龍錯顛倒胡行亂作害世人福未到時禍先到

蔣氏曰道德不云乎常無欲以觀其妙常有欲以觀其竅此正丹家所謂玄關一竅大道無多只爭那些子故曰不離這個人身有此一竅天地亦有此一竅

地理家須識此陰陽之竅今人只愛週迴好而不知那些子些子合得天機週迴不好亦好些子不合天機週迴雖好皆無用矣陰山陽山陰水陽水皆現成名色處處是死的惟有那些子是活的些子一變陰不是陰陽不是陽陰可作陽陽可作陰故曰識得五行顛倒顛便是大羅仙世人不諳天機誤將山龍來脉牽合平洋理氣執定板格陰陽反成差錯乃眞顛倒也本欲造福反以賈禍楊公所爲惻然于中而有是書也

直解　週迴言前後左右前後左右龍穴砂水好不好人人知之如上山下水顛倒錯用時師從何窺見且執定板法如山從右轉者水必宜左轉山從左旋者水必宜右到以山峒尋龍尋脉之法混入乎平洋理氣禍之先到不亦宜乎註云那些子三字指挨星生旺而言城門得生旺雖週迴不好亦吉如城門不得生旺週迴雖好皆無用矣隨氣變遷即是那些子氣化流行物換星移亦是那些子所謂關竅者即此意也

陽若無陰定不成陰若無陽定不生陽水陰山相配合兒孫天府早登名

蔣氏曰此節并下節尤爲全經傾囊倒篋之言而泛泛讀過則不覺其妙葢舉平洋龍法穴法收山出煞八卦干支之理一以貫之矣孤陽不生獨陰不育此雖通論而大五行秘訣只此便了學者須在山水配合上著眼所謂配合自然配合非尋一箇陽以配陰尋一個陰以配陽也水即是陽山即是陰陰即是山陽即是水故只云陽水陰山而不更言陰水陽山知

此者可與讀寶照經矣知此者亦不必更觀寶照經矣

〔直解〕陰陽、卽來者爲陽往者爲陰之陰陽也陰山陽水者當用將來之氣挨入水中已往之氣裝在山上卽爲陽水陰山此陰陽是氣運消長之陰陽非干支卦爻之陰陽又非左到右到之陰陽又非上元必須離水下元必須坎水之陰陽又非以來水爲陽去水爲陰之陰陽也參透此關方知生成配合之妙理矣水裏排龍水裏得陽山上得陰山上排龍山上得陽水裏得陰此謂之陽水陰山陰水陽山也上文所謂陽山陽水者此也所謂山與水相對者此也所謂江南江北主客東西亦即此也○孤陽不生獨陰不長此天地生成至當不易之理也配合即陽水陰山陰山陽水交互相生來往皆眞此眞配合也苟能如此自有天府登名之應

都天大卦總陰陽翫水觀山有主張能知山情與水意配合方可論陰陽

蔣氏曰急接上文都天大卦豈有他哉總不過陰陽而已眞陰眞陽只在山水上看而翫山觀水須胸中別自有主張此主張非泛泛主張乃乾坤眞消息所謂天心是也山情水意四字全經之竅妙今人孰不曰山水有情意而不知世人所謂情意非眞情意也識此情意則是陰陽便成配合青囊萬卷盡在箇中於戲至矣

直解 主張即天心正運之主張山情水意是山水各得其宜之情意所言配合非尋一個陽以配陰

尋一個陰以配陽也要山上排龍水裏排龍一九二八三七四六玄空會合也或一六二七三八四九山上水裏彼此生生動靜得宜雌雄配合此配合即是山情水意元空之配合知此則青囊天玉之機盡矣

都天寶照無人得逢山踏路尋龍脈前頭走到五里山遇著賓主相交接欲求富貴頃時來記取筠松眞妙訣

蔣氏曰上文說到山情水意都天大卦之理盡矣此節又贊嘆而言此都天寶照不輕傳世若有人能得

以此觀山翫水一到山情水意賓主相交之處用楊公訣法扦之頃刻之間造化在手蓋一片熱腸深望人之信從而發此嘆也

直解 上文所言情意是山上水裏用法得宜動靜生生之情意此言賓主是相朝相顧氣止水交主賓相得之賓主體用咸明再參古今名墓再考其離合正其是非精益求精斯可窮其變矣

天有三奇地六儀天有九星地九宮十二地支天干十干屬陽兮支屬陰時師專論這般訣誤盡閻浮世上人

陰陽動靜如明得配合生生妙處尋

蔣氏曰前簡贊嘆已足終篇又引奇門以比論者蓋奇門主地從雒書來與地理大卦同出一原而時師用錯所以不驗惟有大五行是奇門眞訣欲知此訣只在陰陽一動一靜之間求其配合生生之妙則在在有一陰一陽非干是陽而支是陰如此板格而已蓋動靜卽是山情水意卽是城門一訣卽是收山出煞用一卦法所謂龍到頭者此也所謂龍身出脉者此也所謂龍空氣不空者此也是名眞賓主是名眞夫

婦是名眞雌雄終篇又提出此二字與上篇第三章動靜中間求一語首尾相應楊公之旨抑亦微之顯矣夫

姜氏曰中篇一十三節共一百四十六句皆申明上篇第三章以下未盡之義以終平洋龍穴之變

直解　上數句言奇門之法世人用差所以不驗末二句論陰陽動靜配合生生之妙陰陽非以山爲陰水爲陽又非以干爲陽支爲陰又非以四卦屬陽四卦屬陰又非以左水到右爲陽右水到左爲

陰也動靜亦非以形動爲動形靜爲靜也此所謂動靜者卽天主動動以靜而生地主靜靜以動而成如明得天地陰陽動靜生成之奥再細細詩其生生配合之妙玄空之髓可造乎其極矣。靜卽地凡有形者皆靜爲方爲隅形象之謂也動者天也曰空曰氣曰健無形之謂也動者運行于上無一息之停萬物生生化化成形成象何莫不由天之動而始也成形成象卽是靜卽是動以靜而生靜以動而成也地惟靜其所以生萬物卽是動動者皆天始之也天不得地則無所以生地不得天則無所以成乾統坤地承天惟動故能統惟靜故能承也配合生生是言山上排龍水裏排龍陰陽動靜山上水裏有彼此生生來往皆春之情意也

下篇

蔣氏曰上中二篇歷敘山龍平洋正變之旨自始至終有本有末文雖斷續而義則相蒙下篇所言不過前篇餘義而錯雜言之無有條貫每章各論一事文無承接義無照應淺者極淺深者極深學者分別觀

之可也

尋得眞龍龍虎飛。水城屈曲抱身歸。前朝旗鼓馬相應。下後離鄉著紫衣。

蔣氏曰。此節專指山龍而言。眞龍之穴。龍虎分飛。非其病也。眞龍行急。龍虎之相隨亦急。急則兩砂之末乘勢逆回。有似分飛。昔人指爲曜氣。正眞龍靈氣發露之象也。然情既向外。則人事亦應之。主子孫他方發達。謂之離鄉砂也。

〔直解〕此節言眞龍氣勢行急之象、恐人誤認爲曜

氣故特指之

乙字水纏在穴前下砂收鎖穴天然當中九曲來朝穴

悠揚瀦蓄斗量錢兩畔朝歸穴後歇定然龍在水中蟠

若有聲爲數錢水催官上馬御階前

蔣氏曰自此以下八節皆平洋水局形體吉凶之辨

此節言曲水纏身之格歇在穴後正前篇所謂後龍

空坐正穴也數錢水假借爲義俗而巧

直解 此節專言平洋砂形水法之至美者也

安墳最要看中陽寬抱明堂水聚囊出夾結成立字樣

朝來鸞鳳舞呈祥。外陽起眼人皆見。乙字彎身玉帶長。更有內陽坐穴法。神機出處覓仙方。

蔣氏曰、此言堂氣形局之美。至于內陽坐穴法。正前篇所謂來龍正坐及城門一卦之訣也。非神機仙術。烏足以語此。

直解 中陽外陽內陽。卽內堂外堂玉帶乙字等語。總論形局砂水之至美者也。更有坐穴法句。總承上文龍空氣不空城門一卦之得與弗得而申言之也。○不拘內堂外堂水法。總以止蓄團聚爲佳。

水法團聚止蓄。週迴自然相向有情。

水直朝來最不祥。一條直是一條鎗。兩條名爲插脇水。三條云是三刑傷。四水射來爲四殺。八水名爲八殺殃。直來反去掩刀殺。徒流客死少年亡。時師只說下砂逆。禍來極速怎堪當。塋圳路街如此樣。亟宜遷改免災殃。

蔣氏曰。此節極言直來凶格。葢水神最忌木火。以其有殺氣無元氣也。縱屬來朝。亦有損無益。況諸路交馳。漏風沖泄、乎旺元猶可、衰運無噍類矣。

【直解】此節專言直水之凶。沖射者更凶。路街田塋。

衝射者亦忌有則改之以免災殃

前水來朝又擺頭淫邪凶惡不知羞乾流自是名繩索自縊囚公敗可憂

蔣氏曰此曲水凶格水神雖以曲爲吉然曲處須節節整齊乃合星格若擺頭斜去及如繩索樣或大或小或疎或密或正或欹皆似吉而凶縱然發福必有破敗

〔直解〕穴前水形似曲非曲似直非直者謂之擺頭似是而非最易誤認故特指之水形如此不拘左

右前後二宅均忌。

左邊水反長房死。右邊水射小兒亡。水直若然當面射。

中子離鄉死道傍。東西南北水射腰。房房橫死絕根苗。

貪淫男女風聲惡。曲背驢腰家寂寥。

左邊水反長房死。離鄉忤逆皆因此。右邊水反小兒傷。

風吹婦女隨人走。當面水反中男當。斷定二房有損傷。

左右中反房房絕。切忌墳塋遭此刦。

蔣氏曰。以上數節雖義淺而辭鄙。然其應甚速。以其切于用也。故存之。惟公位之分不可盡拘耳。

直解 天玉青囊都天寶照或言體或言用或兼體用而言千言萬語不外趨避兩字此兩節專指砂形水法衝射反跳而言如諸般凶山惡水郎合用法切不可因其合用而取之也

一水裹頭名斷城下之雖發未爲榮兒孫久後房房絕水到砂收反主興

蔣氏曰平洋穴取近水三方皆可逼窄唯穴前明堂須寬容不迫展舒穴氣若一水裹頭穴無餘氣雖環抱亦不發若面前另有一枝水到則又以接水呈秀

其逼窄之氣有所發洩反不爲凶爾

【直解】形雖環抱狹而帶淺左右前後毫無潤狹生動之意名曰斷城又名裹頭裹頭之水穴前陽氣不舒最易敗絕似吉非吉故特辨之

茶槽之水實堪憂莫作蔭龍一例求穴前太偏割唇脚不見榮兮反見愁

蔣氏曰穴前池塘水聚天心名蔭龍水本爲吉局若硬直深坑形似茶槽既非佳格或明堂寬曠猶未見凶更加急葬穴氣太偏則有凶無吉矣同一穴前池

水形局軟硬立穴緩急其應不同不可不深辨也

直解 直硬深坑毫無動意謂之茶槽止蓄團聚照穴有情謂之應龍茶槽宜遠遠則不割應龍宜近近則得神切不可誤認而遠近錯用也

玄武擺頭有多般未可慳然執一端或斜或側或正出須憑直節對堂安擺頭直出是分龍須取何家龍脈蹤大山出脉分三訣未許專將一路窮

蔣氏曰玄武水來本合後空活龍之格宜為正坐之穴矣然亦須詳其來法以辨純雜定吉凶未可執一

也蓋水有偏出正出不同惟直飾對堂安乃是眞玄武水若擺頭曲來而又直出前去一曲一直之間龍脉不一是謂分龍不必分兩道而後謂之分龍也須察其曲來是何脉直去是何脉細細推詳而后可定其何家蹤跡以便下卦若是水大則不止一宮之氣正坐是一脉偏左又是一脉偏右又是一脉故云分三訣也論坐後之脉精詳曲當搜剔無遺乃至于此可謂明察秋毫者耶

直解 擺頭言水似曲非曲之狀玄武指穴後穴後

之水或曲或直或向或背情狀不一難於盡舉只要與穴前一般排算故曰對堂安也

家家墳宅後高懸太陽不照太陰偏必主其家多寂寞男孤女寡實堪憐

蔣氏曰此即後空之義因世人都喜後高故復叮嚀如此人但知後高爲有坐托不知其掩蔽陽光而偏照陰氣生機斬絕人口伶仃故有孤寡之應也可不戒與予觀人家穴後有挑築兩三重照山以補後托未有不大損人丁甚至敗絕無後者利害攸關特爲

指出此節單言平洋格法若是山龍之穴又以後高爲太陽正照而吉後空爲太陽失陷而凶讀者莫錯會也

姜氏曰以上九節首節言山龍後八節言平洋皆形局也

直解 要在未立向以前必先按其山向排其五行當空則空當實則實所謂龍空氣不空龍實氣不實卽此意也高一寸爲山低一寸爲水高者當作山用低者宜作水論倘上山下水顛倒悮用則有

寡夭之患矣○大凡山龍平崗及墩泡高阜以地氣爲主者穴後宜高水龍平洋及一切湖蕩圩邊凡以水氣爲主者穴後宜空切不可拘定後空爲是後高爲非只要後空得後空之用法後高得後高之用法總要隨地適宜高低各得不必拘拘於後空後實也

貪武輔弼巨門龍方可登山細認蹤水去山朝皆有地不離五吉在其中

蔣氏曰此節及下文九星皆指形局而言葢見其星

體合吉方登山而定其方位若形局方位皆吉即水去亦吉今人動云第一莫下去水地謬矣

直解 此節專辨峯巒形局五星九星正體變體形象之吉凶山形氣勢星體巒頭旣吉方登山細認乃尋龍之要訣便而捷且省登山涉水之勞矣所云五吉是兼貪兼輔之五吉謂形局都合再査水之去處果合補救出殺之妙用則來亦吉去亦吉矣

破祿廉文凶惡龍世人墳宅莫相逢若然誤作陰陽宅

縱有奇峯到底凶。

蔣氏曰、此二節專言平洋九星水法。

【直解】此四龍形象之最惡者。山龍平洋俱忌。倘然悞作縱有奇峯不能爲福也。水法九星曲者爲水。直者爲木。方正者爲土。環抱者爲金。直而尖者爲火。總而言之。抱繞止蓄。向穴有情者爲吉。反背無情者爲凶。如破軍祿存廉貞文曲諸般星體不論山龍平洋。二宅均忌。

本山來龍立本向。返吟伏吟禍難當。自縊離鄉蛇虎害。

作賊充軍上法場明得三星五吉向轉禍爲祥大吉昌

蔣氏曰本山本向非子龍子向丑龍丑向倒騎龍之謂也葢指八卦納甲而言山龍有納甲本卦向法皆淨陰淨陽其在平洋向法反不拘淨陰淨陽而以本卦納甲干支位位作返吟伏吟凶不可當三星與五吉不同三星言龍體五吉言卦氣消詳龍體卦氣之中卽有天然向法可不犯本宮而災變爲祥矣

〔直解〕本山本向者本元之旺氣到山也本元之旺氣到山卽是反吟伏吟三星謂金水土三星五吉

謂天元取輔人地兼貪之五吉果得三星五吉即能轉禍爲祥矣細按前後兩個向字反吟伏吟由向而起五吉亦由向而起由此觀之地之吉凶其權在向也明矣其權在五吉也更明矣苟曉五吉三星之妙理山水分用之要訣方知在山謂本山在水卽爲十道用得爲三吉用失卽是反吟在水謂三吉在山便是本山數語當細細揣之自得五吉三星補救直達之妙用矣

龍眞穴正誤立向陰陽差錯悔吝生幾爲奔走赴朝廷

纔到朝廷帝怒形、緣師不曉龍何向、墳頭下了剎官星、

蔣氏曰、此言龍穴雖眞、而誤立本宮之向、陰陽不和、至于剎官也、葢地理雖以龍穴爲重、發與不發專由龍穴而立向坐宮、又穴中迎神引氣之主宰、此處不淸潔如玉之瑕、不成美器矣、致廣大而盡精微、又何可不詳審也耶、此所謂向、非以山向五行起長生爲消納也、亦非小玄空生出尅出生入尅入之說、學者愼之、

姜氏曰、以上四節、皆言平洋理氣之用、

【直解】龍既眞穴既的誤立本宮陰陽差錯之向自有剝官之患此剝官卽上節所言本山本向反吟伏吟之故也非俗註所謂壬向之剝官又非流破官旺之剝官所謂剝官者正是上山下水顛倒誤用官星受尅之剝官也

尋龍過氣尋三節父母宗枝要分別孟山須要孟山連仲山須要仲山接干奇支耦細推詳節節照定何脉眞若是陽差與陰錯縱吉星辰發不長一節吉龍一代發如逢雜亂便參商

蔣氏曰、此等卦理中上二篇論之已詳反覆叮嚀致其深切之意又指明發福世代久暫之應全在龍脉節數長短故父母宗支要分別也

直解三節卽格龍三節不亂之意父母宗枝是來龍來脉過峽起頂之宗枝分別過峽起頂屬何卦之宗枝則知來龍來脉之合不合矣孟山仲山卽子字出脉子字尋之意看雀何干來脉何干入首細細從來龍來脉上看到立穴處干與支體與用一絲不亂方謂之艮如有一毫差錯則吉中有凶

不成美器矣可不加意細察乎是節辨純雜定吉凶看節數定久暫乃方位理氣之最要者也故又叮嚀之耳

先識龍脉認祖宗峯腰鶴膝是眞蹤要知吉地行龍止兩水相交夾一龍夫婦同行脉路明須認劉郎別處尋平洋大水收小水不用砂關發福久水口石似人物形定出擎天調鼎臣

蔣氏曰此節兼論山龍平洋言山龍眞脉則取蜂腰鶴膝爲過峽而平洋則不然只取兩水相交爲來龍

行脈不在過峽上看脈也但須脈上推求識干支純雜夫婦配合之理如此宮不合又當別求一宮不可牽強誤下故云劉郎別處尋且山龍取砂爲關而平洋不用砂關只要大水行龍收入小水結穴有此小水引動龍神千流萬派其精液皆注歸小水以蔭穴氣此平洋下穴秘旨一語道破混沌之竅鑿矣觀此則知所謂兩水相交非謂左右兩水會穴前而龍從中出謂之行龍也正謂大水與小水相交之處乃眞龍之行眞穴之止也既有此小水收盡源頭又何用

砂。水之爲我用與否。豈砂之攔阻能強之者耶。人且不可強。而況于水。若水口捍門。此山龍大地雄峙一方之勢。益將山比擬。楊公秘愼之旨。互文隱意。雖若並陳大旨。偏重平洋。而以山龍相映發。以辨其不同途。爾貴學者言外會心。若不知剖析而視爲一合之說。將雜亂而無緒矣。

【直解】束細者爲蜂腰。收而畧放者爲鶴膝。此皆象形也。衆水去處爲水口。又爲去口。凡有眞結。水口必有大石當衆水之衝。關攔水口。其石如琴劍印凡龜蛇牛馬之形者。定出擎天調鼎之臣。如蘇郡之范墳。水中有靈石。俗呼曰魁星石。又宜興忠烈盧公之祖墳。水口有大石一塊。廣濶數丈。形方如印。正當衆水之口。忠烈亦是明季一代之人物。正是擎天之應驗也。

龍若直來不帶關。支兼干出是福山。立得吉向無差誤。催祿催官指日間。

蔣氏曰。此亦上下二篇所已詳。蓋以四正爲例。而其餘自在言外。非位位取地支也。

【直解】此節言山水二龍形雖帶直只要不帶欹斜反跳僵直死硬種種關殺用得安妥亦能發福不可因其形直而棄之也

乾坤艮巽脉過凹節節同行不混淆向對甲庚壬丙水兒孫列土更分茅仲山過脉不帶關三節山水同到前斷定三代出官貴古人準驗無虛言

蔣氏曰此則單言四隅龍格反取干神並不言及辰戌丑未則其非專重地支可知矣脉是內氣而向對之水是外氣兩不相妨也楊公辨龍審卦之妙口口

說重地支而本旨實非重地支世人被他瞞過多矣豈知一隻眼逗漏于此節學者其毋忽哉

〔直解〕上節言直來不帶關殺則易此節言屈曲而求其不雜則難果能去來屈曲節節整齊夫婦同行不偏不倚一絲不亂更兼山水純一體用一氣自有列土分茅之貴矣過脉節數等語總言世代久暫之應驗也

發龍多向支神取若是干神又不同支若載干爲夫婦干若帶支是鬼龍子癸爲吉壬子凶三字眞假在其中

乾坤艮巽天然穴。水來當面是眞龍。要識眞龍結眞穴。只在龍脉兩三節。三節不亂是眞龍。有穴定然奇妙絕。千金難買此玄文。福綠遇者毋輕洩。依圖立向不差分。榮華富貴無休歇。時師不明勉強扦。雖發不久即敗絕。

蔣氏曰。發龍多取支神。此乃用支之卦也。干神不曰無取。而乃曰若是干神又不同。明明有用干之時。而特與用支者不同爾。干帶支爲鬼龍。只就子癸壬子一宮爲例。其眞其假三字之中。迥然差別。何以乾坤艮巽獨名天然穴。蓋直以乾坤艮巽爲龍。不更轉尋名相故曰天然若他龍則干支卦位非一名矣水來當面是眞龍此語石破天驚鬼當夜哭葢乾坤艮巽之穴又與取支惡干者不同觀此則寶照之訣實非單重支神洞然明白矣至於格龍之法止要兩三節不差錯則卦氣已全不必更多求于四五節之外恐人拘泥太過遇著好龍當面錯過所以發此非楊公遷就之說也但此兩三節定要清純若到頭節數畧有勉強不能無誤又戒作者須其難其愼也

〔直解〕四正之龍支神爲主四隅之龍干神爲主正

與維干與支妙在用支之卦則用支用干之卦則用干在用支之時則用支在用干之時則用干貴在各得其用耳惟乾坤艮巽又與用干用支者有異只求水來當面便是眞龍是非專重地支可知矣自三節不亂以下皆格龍之法也

一個星辰一節龍龍來長短定枯榮孟仲季山無雜亂數產人龍上九重節數多時富貴久一代風光一節龍

蔣氏曰此亦論平洋龍神節數以定世代近遠之應總在行度之純雜上斷也

姜氏曰。以上六節。皆言平洋大五行之法。蓋中上二篇所已明而反覆互見者也。

直解 水法、一曲一折、便爲一節、凡曲動處、水之情形、總以相向抱穴有情者爲佳、如龍來長短正謂愈曲而愈妙也、曲多則易于夾雜、如果曲曲折折、或孟或仲均歸一路者、大貴之地也、世世代代久暫之應、都在曲折純雜向背上占驗也、

地理辨正卷之四終

地理辨正卷之五

杜陵蔣平階大鴻氏著　門人　臨安于鴻儀　較正
會稽姜垚
錫山無心道人　重校

平砂玉尺辨偽總論

地理多偽書平砂玉尺者偽之尤者也或曰是書也以世目視之儼然經也子獨辨其偽何居曰惟世皆以爲經也余用是不能無辨今之術家守之爲金科玉律如蕭何之定漢法苟出乎此不得爲地理之正道術士非

世俗人情弊
[illegible]一一指出

此不克行其主家非此不敢信以教其子師以傳其弟果能識此即可以自號于人曰堪輿家延之上坐操人身家禍福之柄而不讓拜人酒食金帛之賜而無慚是以當世江湖之客寶此書爲衣食之利器譬農之耒耜工之斧斤其于謀生之策可操券而得也有朝開卷而成誦暮挾南車以行術者矣豈知其足以禍世如是之酷哉知其禍世而不辨余其無人心者哉或曰是書之來也遠矣子又安知其爲僞也乃從而辨之曰我亦辨之以理而已矣或曰此亦一理也彼亦一理也安知其[illegible]

堪輿書盖有數十百種種種都是繇頭詳而且盡惟青囊寶照諸經自黃石公傳下及管郭楊曾都宗此法自唐一行世諸法雜出以僞亂眞於是正法失傳僞法大行國初將平指先生受無極之學窮究多年故作此書句句中明青囊之奧旨刪邪表正之深意也

之理是而彼之理非歟曰余邀惠于先之賢哲而授余以黃石青烏楊公幕講之秘要竊自謂于地理之道得之眞而見之確矣故于古今以來所謂地理之書無所不畢覽凡書之合于秘要者爲眞不合秘要者爲僞而此書不合之尤者也既得先賢之秘要又嘗近自三吳兩浙遠之齊魯豫章八閩之墟縱觀近代名家墓宅以及先世帝王聖賢陵墓古蹟考其離合正其是非片理之取驗者爲眞無所取驗者爲僞而此書不驗之尤者也故敢斷其僞也益以黃石青烏楊公幕講斷之以名

家墓宅先世古蹟斷之、非余敢以私見臆斷之也、或曰、然則秉忠之譔、伯溫之註、非與、曰此其所以爲僞也、夫地理者、裁成天地之道、輔相天地之宜、以經邦定國、禍福斯民者也、三代以上明君哲相、無不知之、世道下衰、其說隱秘、而寄之乎山澤之癯、逃名避世之士、智者得之、嘗以輔翼興王、扶持景運、而其說之至者、不敢顯然以告世也、文成公之事明太祖、其最著者矣、及其沒也、盡舉生平所用天文地理數學之書、進之內府、從無片言隻字、存于家而教其子孫、況肯著書立說以傳當世

凡有地理書都託名管郭楊賴四大名家從古如斯謂之奈何惟讀者擇其眞僞可也

耶故凡世本之稱青田者皆僞也均之佐命之英知青田則知秉忠矣或曰何是書之文辭井井乎若有可觀者也曰其辭近是其理則非蓋亦世之通人而不知地理者以意爲之而傅會其說託之乎二公者也余特指其謬而一一辨之將以救天下之溺于其說者

辨順水行龍

山龍之脉與平壤龍脉皆因水以驗其脉之動靜而皆不卽水以限其脉之去來今先言山龍夫山剛質也水柔質也山之孔竅而水出焉故兩山之間必有一水山

長白盛京及口外一切是北幹太行山東泰山關中順天河南湖北安慶淮徐此皆中幹建康即江寧臨安即杭州從雲南貴州四川湖南江西福建浙江天自黃山九華諸山由寧國而至江寧即東南紅毛諸閩都是南幹分枝大約長江與黃河發源之歷即是南幹分枝分漢之所

窪下之處、即水流行之道、水隨山而行、非山隨水而行、也、山之高者、脉所從起、山之卑者、脉所從止、山自高而卑、故水亦從之、自高而卑、此一定之理也、往往大溪大澗之傍、小幹龍所憩焉、大江大河之側、大幹龍所休焉、葢來山之衆支聚乎此、故來水之衆派亦聚乎此也、然據水之順逆、論脉之行止、但可就其大槩而言爾、若必謂水于此界、脉即于此斷、水向左流、脉必不向右行、則不可也、夫龍脉之起伏轉摺、千變而不窮、有從小江小湖崩洪而過者矣、有從大江大河越數十百里、不知其蹤跡端倪而過者矣有收本身元辰小水逆行數里而結者矣有向大幹水逆奔數百里而結者矣龍之眞者水愈斷而其過脉愈奇勢愈逆而其骨力愈壯豈一水之横流可遏之使斷牽之使前乎今玉尺云順水直衝而逆回結穴方知體叚之眞若逆水直衝而合襟在後斷是虛花之地衆水趨歸東北而坤申之氣施生羣流來向震辰而乾亥之龍毓秀甲卯成胎不食酉辛之氣午丁生意豈乘坎癸之靈據此而言是天下必無逆水之龍也豈其然哉或曰子所言者山龍也玉尺所言乎

壞也故其言曰乾源曠野鋪氈細認交襟極隴平坡月
角詳看住結山龍有脉可據故有逆水之穴平壤無脉
可尋止就流神之去來認氣之行止豈與山之過峽起
伏同年而語乎予生平專分山水二龍以正告天下何
又執此論也解之曰平壤固純以流神辨氣與山之脉
峽不同至以水之來去爲氣之行止則我不取我以爲
酉辛水到則甲卯之胎愈眞癸坎流來則午丁之靈益
顯坤申生氣衆水必無東北之趨乾亥成龍羣流必無
巽辰之向由此而言玉尺不但于山龍特行特結之妙

茫然未知且于平壤雌雄交媾之機大相背謬至其統論三大幹龍而以爲北幹乃崑崙之丑艮出脉而龍皆坤申南幹乃崑崙之巽辰出脉而龍皆乾亥中條乃崑崙之寅甲卯乙出脉而龍皆庚酉辛註者遂實其辭曰北幹無離巽艮震穴中幹無震巽艮穴建康止有南離臨安止有坤兌八閩止有坤申固哉玉尺之言龍也大舉天下之大勢大抵自兌之震自乾之巽自坤之艮者地勢之從高而下然也至于龍之剝換傳變豈拘一方眞脉性喜逆行大地每多朝祖若執此書順水直衝之

說遇上格大地反以爲不合理氣而棄之而專取傾瀉奔流蕩然無氣之地誤認爲眞結而葬之其詒害于人焉有限量余故不得已而叮嚀反覆以辨之也

辨貴陰賤陽

易曰立天之道曰陰與陽惟此二氣體無不具用無不包是二者不可偏廢故曰孤陽不生獨陰不長是二者未嘗相離故曰陽根于陰陰根于陽舍陽而言陰者非陰也舍陰而言陽者非陽也聖人作易必扶陽抑陰者何也曰道一而已故曰乾分而爲二而名之曰坤以兩

儀之對待者言曰陰陽以一元之渾然者言惟陽而已言陽而陰在其中矣而就人事言則陽爲君子陰爲小人内君子外小人爲泰内小人外君子爲否由此言之陽與陰不可分也苟其分之則貴陽賤陰如聖人之作易可也若貴陰賤陽是背乎聖人作易之旨而亂天地之正道也玉尺乃以艮巽震兌四卦爲陰之旺相而貴之以乾坤坎離四卦爲陽之孤虛而賤之即以納甲八干十二支丙納于艮辛納于巽庚納于震而亥卯未從之丁納于兌而已酉丑從之十者皆謂之陰而貴以甲

納乾以乙納坤以癸納坎而子申辰從之以壬納離而午寅戌從之十者皆謂之陽而賤于是當世之言地理者不論地之眞偽若何凡見陰龍陰水陰向則槩謂之吉而見陽龍陽水陽向則槩謂之凶此乖謬之甚者也夫吉凶之理莫著于易易六十四卦各有其吉各有其凶八卦六十四卦之父母也豈有四卦純吉四卦純凶之理八干十二支亦然吾謂論地止論其是地非地不當論其屬何卦體屬何干支若果龍眞穴的水神環抱坐向得宜雖陽亦吉也若龍非眞來穴非眞結砂飛水

背坐向偏斜雖陰亦凶也又拘所謂三吉六秀而以爲出于天星考之天官家言紫微垣在中國之壬亥方而太微垣在丙午方天市垣在寅艮方且周天二十八宿分布十二宮皆能爲福皆能爲災地之二十四干支上應列宿亦猶是也何以在此爲吉在彼爲凶此與天星之理全乎不合至謂乾坤爲老亢辰戌爲魁罡丑未爲暗金殺種種悖理夫乾坤乃諸卦之父母六子皆其所產何得爲凶老嫩之辨在于龍龍之出身嫩卽乾坤亦嫩也龍之出身老卽巽辛兌丁亦老也斗之戴匡爲魁

斗柄所指爲天罡此樞幹四時斟酌元氣造化之大柄也理數家以爲天罡所指衆煞潛形何吉如之而反以爲凶耶五行皆天地之經緯何獨忌四金且庚酉辛金之最堅剛者也既不害其爲吉而獨忌四隅之暗金甚無謂矣諸如此類管郭楊賴從無明文不知妄作流毒天下始作俑者其無後乎我不禁臨文而三歎也

辨龍五行所屬

盈天地間止有八卦先天之位曰乾坤定位山澤通氣風雷相薄水火不相射八卦總之陰陽而已山陽澤陰

雷陽風陰火陽水陰皆兩儀對待之象對待之中化機
出焉所謂玄牝之門是爲天地根一陰一陽之謂道八
卦者天地之體五行者天地之用當其爲體之時未可
以用言也故坎雖爲水此先天之水不可以有形之水
言也離雖爲火此先天之火不可以有形之火言也故
艮爲山而不可以土言也兌爲澤而不可以金言也震
巽爲風雷而不可以木言也故以八卦屬五行而論龍
之所屬者皆非也若論後天方位八卦而以坎位北而
爲水以離位南而爲火以震位東而爲木以兌位西而

爲金似矣四隅皆土也又何以巽木乾金不隨四季而隨春秋耶此八卦五行之一謬也及論二十四龍則又造爲三合之說復傅（音輔俗作附非）會之以雙山更屬支離牽强而全無憑據夫旣以東南西北爲四正五行則巳丙丁皆從離而爲火亥壬癸皆從坎而爲水寅甲乙皆從震而爲木申庚辛皆從兌而爲金辰戌丑未皆從四隅而爲土猶之可也今又以子合辰申而爲水并其鄰之坤壬乙亦化爲水以午合寅戌而爲火并其鄰之艮丙辛亦化爲火以卯合亥未而爲木并其鄰之乾甲丁亦

化為木以酉合巳丑而為金并其鄰之巽庚癸亦化為金論八卦則卦爻錯亂論四令則方位顛倒此三合雙山之再謬也所謂多岐亡羊朝令夕改自相矛盾不特悖于理義而亦不通于辭說者矣又以龍脉之左旋右旋而分五行之陰陽曰亥龍自甲卯乙丑艮寅壬子癸方來者為陽木龍亥龍自未坤申庚酉辛戌乾方來者為陰木龍其餘無不皆然謬之謬者也又以龍之所屬而起長生沐浴冠帶臨官帝旺衰病死墓絕胎養又以龍順逆之陰陽分起長生曰陽木屬甲長生在亥旺于

卯墓于未陰木屬乙長生在午旺于寅墓于戌其餘無不皆然舉世若狂以爲定理眞可哀痛夫五行者陰陽二氣之精華散于萬象周流六虛盈天地之內無處不有五行之氣無物不具五行之體今以龍而言則直者爲木圓者爲金曲者爲水銳者爲火方者爲土又窮五行之變體而曰貪狼木巨門土祿存土文曲水廉貞火武曲金破軍金左輔土右弼金五行之變盡矣此楊曾諸先覺明目張膽以告後人者也夫此九星五行者或爲起祖之星或爲傳變之星或爲結穴之星或爲夾從

輔佐之星或兼二或兼三或兼四甚而五星傳變則地大不可名言此以見五行者變化之物未有單取一行不變以為用者也今不干能體求五行之變化而但執方位論五行之名字是使天地之生機不變不化取其一盡廢其四矣又從方位之左右旋分五行之陰陽是使一氣之流行左支右絀得其半幷未全其一矣試以物產言之隨地皆生五材若曰南方火地無大水北方水地不火食西方金地不產各材東方木地不產艮金有是理乎試以禀性言之盡人皆具五德若曰東方之

人皆無義、西方之人皆無仁、北方之人皆無禮、南方之人皆無智、有是理乎、且獨不觀四時之流行乎、春氣一噓而萬物皆生、不特東南生、而西北無不盡生、秋氣一肅而萬物皆落、不特西北落、而東南無不盡落、是生殺之氣不可以方隅限也、又不觀五材之利用乎、棟梁之木遇斧斤而成材、入冶之金須煆煉而成器、大塊非耒耜不能耕耘、清泉非爨燎不能飲食、道家者流、神而明之、故有水火交媾、金木合并之義、以爲大丹作用、卽大易既濟歸妹之象也、故曰識得五行顛倒顛、便是大羅

仙相生者何嘗生相尅者何嘗尅乎今玉尺曰癸壬來
自兌庚乃作體全之象坎水迎歸寅卯名爲領氣之神
金臨火位自焚厥屍木入金鄉依稀絕命火龍畏見兌
庚遇北辰而自廢東震愁逢火剋見西兌而傷魂是山
川有至美之精英而以方位廢之也且五行之論生旺
墓而亦限之以方位其說起于何人若以天運言則陽
升則萬物皆生陰升則萬物皆死無此生彼死此死彼
生之分也若以地脈言有氣則在在皆生無氣則在在
皆死無此生彼墓此旺彼衰之界也今龍必欲自生趨

旺自旺朝生水必來于生旺去于囚謝砂之高下亦如之皆因誤認來龍之五行所屬于是紛紛不根之論咸從此而起也更有謂龍之生旺墓若不合別有立向消納之法或以坐山起五行或以向上論五行不知山龍平壤皆有一定之穴生成之向豈容拘牽字義以意推移朝向論五行固爲乖謬坐山論五行亦未爲得也玉尺又兩可其說曰可合雙山作用法聯珠之妙宜從卦例推求尊納甲之宗又何其鼠首兩端從無定見耶我願世之學地理者山龍止看結體之五星平壤止看水

城之五星此乃五行之眞者術精其義雖以步武楊賴亦自不難至于方位五行不特小玄空生尅出入宗廟洪範雙山三合斷不可信卽正五行八卦五行亦不可拘此關一破則正見漸開邪說盡息地理之道始有入門嗟乎我安得盡洗世人之肺腸而曉然告之以玄空大卦天元九氣之眞訣使黃石靑囊之秘昭昭乎若揭日月而行也哉

辨四大水口

夫四大水口有至理存焉楊公書中未嘗發露惟希夷

先生闡闢水法倡明八卦之理、而四大水口之義、寓于其中、此乃黃石公三字青囊所固有、楊公特秘而不宣、卽希夷猶引而不發也、今人不知天元八卦之妙用、妄以凡庸淺見測之、遂以爲辰戌丑未爲五行墓庫之方、輒以三合雙山傳會之、曰乙丙穴而趨戌、辛壬會而聚辰、斗牛納丁庚之氣、金羊收癸甲之靈、嗚呼謬矣、以三合五行起長生墓庫之非、卽龍上五行左旋爲陽、右旋爲陰、而同歸一庫、穿鑿不通之論、前篇皆已辨之、獨此四大水口原屬卦氣之妙用、青囊之正訣、而亦爲此輩牽合錯解以僞亂眞余每開卷至此不勝扼腕故又特舉而言之夫圖南先生八大局皆從洛書八卦中來一卦有一卦之水口舉四隅之卦而言則有四若兼四正之卦而言其實有八然括其要旨即一水口而諸卦之理已具學者苟明乎此山河大地布滿黃金矣特以天心所秘非人勿傳故不敢筆之于書聊因俗本微露一端任有夙慧者死心自悟若以爲陽艮龍丙火交于乙墓于戌陰亥龍乙木交于丙亦墓于戌以爲天根月窟雌雄交媾立竅相通種種癡人說夢總因悞認諸家五

行不知卦氣之理以訛傳訛盲修瞎煉吾徧觀古來帝王陵寢以及公卿名墓何嘗有合此四語者若用此四語擇得合格之地總與地理眞機無涉其爲敗絕亦猶是也所謂勞而無功聞余言者不識能惕然有動于中否

辨陰陽交媾

天地之道不過一陰陽交媾而已天地有一大交媾萬物各有一交媾變變化化施之無窮論其微妙莫可端倪而實有其端倪故曰立牝之門是爲天地根地理之

道若確見雌雄交媾之處則千卷青囊皆可付之祖龍矣斯理甚秘而實在眼前若一指明觸目可覩然斷不從五行生旺墓上討消息也玉尺乃曰有乙辛丁癸之婦配甲庚丙壬之夫又曰陰遇陽而非其類號曰陽差陽見陰而非其耦名曰陰錯仍取必于乙丙之墓戌辛壬之墓辰丁庚之墓丑癸甲之墓未此真三家村學究之見也夫陰陽之交媾自然而然不由勉强亦活潑潑地不拘一方豈可以方位板格死煞排算乎即以天地之交媾者言天氣一降地氣一升而雨澤斯沛矣子能

預定天地之交于何方合于何日乎更以男女之交媾者言陽精外施陰血內抱而胎元斯孕矣子能預擬胎孕之何法而成何時而結乎知天地男女之不可以矯揉造作則知地理之所謂天根月窟亦猶是矣此惟楊公都天寶照言之鑿鑿不啻金針暗度余因辨玉尺之謬而偶泄于此具神識者精思而冥悟之或有鬼神之告也

辨砂水吉凶

今之地理家分龍穴砂水為四事或云龍雖好穴不好

或云龍穴雖好砂水不好何異癡人說夢古之眞知地理者只有尋龍定穴之法無尋砂尋水之法正以雖有四者之名而其實一而已矣穴者龍之所結水者龍之所源砂者龍之所衛故有是龍則有是穴有是穴則有是砂水未有龍穴不眞而砂水合格者也亦未有龍眞穴的而砂水不稱者也玉尺反曰龍穴之善惡從水猶女人之貴賤從夫穴雖凶而水吉尚集諸祥是以本為末以末為本顛倒甚矣且其所謂吉凶者只取四生三合雙山五行論去來之吉凶而以來從生旺去從墓絕

者爲吉反此者爲凶旣屬可笑又以砂水之在淨陰方位者爲吉在淨陽方位者爲凶尤爲拘泥夫水之吉凶只辨天元衰旺之氣砂者借賓伴主只要朝拱環抱其形尖員平正秀麗端莊皆爲吉曜若斜飛反去破碎醜拙則爲凶殺或題之曰文筆曰誥軸曰御屏曰玉几曰龍樓曰鳳閣曰仙橋曰旗幟曰堆甲屯兵曰烟花粉黛諸般名色皆以象取之類應之而不可拘執亦須所穴者果是眞龍胎息精靈翕聚而后一望臚列皆其珍膳爾假如一山數塚同見貴砂而一塚獨發其餘皆否豈

非貴之與賤在龍穴而不關于砂乎况四神八國並起星峯皆堪獻秀何必淨陰之位則吉淨陽之位則凶龍穴無貴陰賤陽之分砂水又豈有貴陰賤陽之分耶其云文筆在坤申爲詞訟旌旗見子午爲刦賊高峯出南離恐驚囘祿印星當日馬必遭瞽疾乾戌爲鼓盆之殺坤流爲寡宿之星寅甲水瘋疾纏身乙辰水投河自縊又云未離胎而夭折多因冲破胎神纔出世而身亡益爲撃傷生炁四敗傷生雖有子而母明父暗旺神投浴恐居官而淫亂可羞諸如此類不可枚舉立辭愈巧其

理愈虛一謬百謬難以悉辨總其大旨曰廢五行衰旺之說破陰陽貴賤之名可以論龍穴卽可以論砂水矣我于是書取其四語曰本主興隆殺曜變爲文曜龍身微賤牙刀化作屠刀此則沙中之金石中之玉也采葑采菲無以下體故特舉而存之

辨八煞黃泉祿馬水法

水法中有祿上御街馬上御街其說鄙俚不經而最能使俗人艷慕又有黃泉八煞二種禁忌使人望而畏之若探湯焉我以爲其說皆妄也夫祿馬貴人起例見于

六壬在易課中已屬借用與地理祿命皆無干涉世人學術無本一見干支便加祿馬推命家用之地理家亦用之東那西借以張之子孫繼李之宗祖血脉不通鬼神不享此在楊曾以前從不見于經傳後之俗子妄加添設不辨自明夫地理之正傳止以星體爲巒頭卦爻爲理氣舍此二者一切說玄說妙且無所用之況其鄙俗之甚者乎其所稱馬貴者亦有之矣曰貴人曰天馬此皆取星峯而爲名不在方位也水之御街亦以形論非以方言至于八煞黃泉尤無根據全然揑造更與借

用者不同夫天地一元之氣周流六虛八卦方位先天後天互爲根源環相交合相濟爲用得其氣運則皆生逢其氣運則皆死但當推求卦氣之興衰以爲趨避耳從無此卦忌見彼卦此爻忌見彼爻之理若失氣運則巽見辛艮見丙兌見丁坤見乙坎見癸離見壬震見庚乾見甲本宮納甲正配尚足以興妖發禍若得氣運雖坎龍坤兔震猴巽雞乾馬兌蛇艮虎離猪而卦氣無傷諸祥自致我謂推求理氣者須知有氣運隨時之眞殺實無卦爻配合之煞曜今眞煞之刻期刻應剝膚切骨

者不知避而拘拘忌八曜之假殺亦可悲矣黃泉即四大水口而强增名色者也故又曰四箇黃泉能殺人辰戌丑未爲破軍四箇黃泉能救人辰戌丑未爲巨門故又文飾其名曰救貧黃泉夫旣重九星大玄空水法則不當又論黃泉矣何其自相矛盾一至于此或亦高人心知其誣而思無以解世人之惑故別立名色巧爲寬譬耶未可知也其實則單論三吉水可矣不必論黃泉也且黃泉所忌于彼所言淨陰淨陽三合生旺墓水法皆不盡合若論陰陽則乙忌巽是矣而丙則同爲純陰

庚丁忌坤申癸忌艮辛忌乾是矣而壬則同爲純陽何以亦忌此于淨陰淨陽自相矛盾也若論三合五行則乙水向見巽丁木向見坤辛火向見乾癸金向見艮同爲墓絕方忌之是矣丙火向見巽庚金向見坤壬水向見乾甲木向見艮皆臨官方也何以亦忌此于三合雙山自相矛盾也我即彼之謬者而以証其謬中之謬雖有蘇張之舌亦無辭以復我矣玉尺遂飾其說曰八殺黃泉雖云惡曜若在生方例難同斷此眞掩耳盜鈴之術既云惡曜矣又焉得云生方既云生方矣又焉得稱

惡曜孰知惡曜固不眞而生方亦皆假也或者又為之辭曰黃泉忌水去而不忌來或又曰忌水來而不忌去總屬支離茫無一實我謂運氣乘旺雖黃泉而但見其福運氣當衰雖非黃泉而立見其禍苟知其要不辨自明而我偲偲然論之不置者以世人迷惑已久如墮深坑無力自脫多方曉譬庶以云救也嗚呼當世亦有見余此心者耶

辨分房公位

夫葬者所以安親魄也親魄安則衆子皆安親魄不安

則衆子皆不安。今之世家巨族。往往累年不葬。甚至遲之又久。終無葬期。一則惧于以擇地爲難。再則惧于拘分房之說。一子之家猶可。子孫愈多。爭執愈甚。遂有挾私見以隄防。用權謀以自便者矣。有時得一吉地。惑于旁人之言。以爲不利于己而阻之者。阻之不已。竟葬凶地。同歸于盡。亦可哀哉。原其故。皆地理書公位之說爲之禍根。使人滅倫理。喪良心。無所不極其至也。豈知葬地如樹木根荄。得氣則衆枝皆榮。根荄先撥。則衆枝皆萎。亦有一枝榮一枝萎者。外物傷殘之耳。葬親者但論其地之吉凶斷不可執房分之私見吾觀歷來名宗巨室往往共一祖地各分均發者甚多亦有獨發一房或獨絕一房者此有天焉不可以人之智巧爭也或問曰然則公位之說全謬與又何以有獨發獨絕者耶曰是固有之而非世人之所知也其說在易曰震爲長男坎爲中男艮爲少男巽爲長女離爲中女兌爲少女孟仲季之分房由此而起也然其中有通變之機非屬此卦卽應此子應此女之謂也玉尺乃云胎養生沐屬長子冠臨旺衰屬仲子病死墓絕屬季子卽就彼之言以折

之生則諸子皆生矣旺則諸子皆旺矣死則諸子皆死絕矣何爲以此屬長以此屬仲以此屬季曰亦以其漸耳折之曰以爲始于胎養繼而之旺既而死絕似矣若有四子以往則又當如何耶其轉而歸于生旺耶抑另設何名以應之耶此不足據之甚者也世人愼勿惑于其說也

總論後

蔣子作玉尺辨僞既成或問曰子子是書訛謬辨之則既詳矣子謂吉凶之理存乎地而非方位之所得而限

道然則八干四維十二支舉無有吉凶之當論乎曰何爲其然也我正謂八干四維十二支皆分屬乎卦氣夫卦氣吉凶之有辨葢灼灼矣而特非淨陽淨陰雙山三合生旺墓之云云也乃若青囊正理方位之辨實有之其秘者不敢宣泄姑就玉尺之文以槩舉之玉尺所畏者曰乙辰曰寅甲而以青囊言之乙之與辰寅之與甲相去不啻千萬里也有時此吉而彼凶有時此凶而彼吉者矣所最羨者曰巽巳丙而以青囊言之巽巳之與丙相去亦不啻千萬里也有時此吉而彼凶有時此凶

而彼吉者矣所最欲分别而不使之混者曰丙午丁曰乾亥曰甲卯乙曰辰巽曰丑艮寅而以青囊言之午之與丙丁亥之與乾卯之與甲乙巽之與辰丑寅之與艮所爭不過尺寸之間而已有時而吉則必與之俱吉有時而凶則必與之俱凶矣今乃于其當辨而不可不辨者如黃精之與勾吻附子之與烏頭一誤用之而足以入戶傷生者反置之不辨于其易辨而可以不辨者如白粱之與黑秬異色而皆可以養人堇之與鴆異類而皆可以殺人者屑屑焉悉舉而辨之彼自以爲智而乃

天下之大愚也且生旺死絕之說青囊未嘗不重之故葬書曰葬者乘生氣也卦氣之所謂生非三合五行之所謂生卦氣之所謂旺非三合五行之所謂旺卦氣之所謂死絕非三合五行之所謂死絕且地氣之大生旺不知趨而區區誤認一干一支之假生旺而求迎之地氣之大死絕不知避而區區誤認一干一支之假死絕而思避之悲夫所謂雀以一葉障目而謂彈者之不我見也以此爲已適以害已以此爲人適以害人而已故夫玉尺之于地理猶鄭聲之于雅樂楊墨之于仁義一

是一非勢不兩立實有關于世道之盛衰天地之氣數
竊聞嘉靖以前其書尚未大顯至萬歷時有徐之鏌者
爲之增釋圖局而梓行之于是江湖行術之徒莫不手
握一編以求食于世至今日而惑于其說者且徧天下
也悖陰陽之正干天地之和與俶擾五行怠棄三正者
同其禍患有聖人者出而誅非聖之書于陰陽一家必
此書爲之首嗚呼此書不破世道何由而息水火生民
何由而躋仁壽哉我拭目望之矣

平砂玉尺辨僞總括歌　會稽姜垚汝皋撰

萬卷堪輿總失眞平砂玉尺最堪嗔二劉名姓憑伊冒
豈有當年手澤存開國伯温成佐命嘗將妙訣定乾坤
晚年一篋靑囊秘盡作天家石室珍天寶不容人漏泄
忍將隱禍中兒孫片言隻字無留影肯借他人齒頰名
秉忠亦是元勳列敢冒嫌疑著此經世上江湖行乞者
只貪膚淺好施行戶誦家傳如至寶興災釀禍害生民
幸遇我師垂憫救苦心辨駁著斯文竊恐愚夫迷不悟
括成俚句好歌吟願君細察歌中意莫任宗陽一片心
天下山山多順水此是行龍之大體眞龍發足不隨他

定是轉關星特起。特起之龍變化多。渡水逆行不計里。玉尺開章說順龍。順水直衝爲大旨。水來甲卯兌不收。水來丁午坎不取。必要隨流到合襟。直瀉直奔名漏髓。全無眞息蔭龍胎。山穴平陽皆失軌。勸君莫聽此胡言。悮向順流探脈理。八方位位有眞龍。爻象干支總一同。山脈陰陽分兩界。此是天然造化工。陽脈出身陽到底。陰脈出身陰爲宗。從無僞來幷僞落。豈有貴賤分雌雄。若是眞胎成骨相。乾坤辰戌也崢嶸。若是空亡無氣脈。巽辛亥艮盡招凶。品水評砂原一例。三吉六秀有何功。

勸君莫聽此胡言旺相孤虛理不通五行相生與相尅此是後天粗糲質山川妙氣本先天生不須生尅非尅木行金地反成材火入水鄉眞配匹南離爐冶出眞金陰陽妙處全須逆原說五行顚倒顚庸庸之輩何能識先天理氣在卦爻生旺休囚此中出量山步水總一般立向收砂非二格安有長生及官旺全無墓庫與死絕卦若旺時路路通卦若衰時路路塞有人識得卦興衰眼前盡是黃金陌納甲本是卦中玄用他配合皆非的堪笑三合及雙山玄空生出并尅出更有祿馬及救文

咸池黃泉八曜煞庸奴只把掌心輪誤盡天涯聰慧客
勸君莫聽此胡言五行更覓眞消息雌雄交媾大陰陽
月窟天根卦內藏此是乾坤造化本會時便號法中王
楊公說箇團團轉一左一右兩分張明明指出夫和婦
有箇單時便是雙二十四山雙雙起八卦之中定短長
豈料庸奴多錯解干支字上去商量誤起長生分兩局
會同墓庫到其鄉未曾曉得眞交媾那裏懷胎喚父孃
我即汝言來敎汝陰陽指氣不指方甲庚丙壬是陽位
有時占陰不喚陽乙辛丁癸是陰位有時占陽即喚陽

陰陽亦在干支上不用排來死煞方眼前夫婦不識得
刦將寡婦守空房勸君莫聽此胡言立竅相通別主張
四大水口歸其位此是卦之眞匹配如何說到墓庫方
左旋右旋來傳（附字俗誤）會四水四卦逐元輪一元一卦乘
旺氣周流八卦逐時新會者楊公再出世今將墓合作
歸源失運失元迎煞氣勸君莫聽此胡言陽差陰錯非
斯義公位亦自卦中來長少中男各有胎不論干支并
龍脉如何亦取三合推胎養生沐乃云長仲子冠臨及
旺衰少子病死并墓絕若然多子作何排世人信此爭

房分停喪不葬冷為灰更起陰謀相賊害傷倫蔑理召天災陷人不孝并不睦此卷偽書作禍胎我願今人只求地得地安親大本培親安衆子皆蒙慶休把分房去亂猜試看闔閭諸名墓一祖枝枝産衆材分房益為分陽宅莫論偏苛到夜臺平砂一卷何人作注解翩翩尤醜惡添圖添局死規模强把山川牢束縛從謙失却布衣宗之鎮直是追魂鑿嘉隆以上無此書萬歷中年方撲朔從此家家無好墳迄今偏地成蕭索焉得將書付祖龍免使蒼生遭毒藥

終

占筮類

編號	書名	作者	說明
1	擲地金聲搜精秘訣	心一堂編	沈氏研易樓藏稀見易占秘鈔本
2	卜易拆字秘傳百日通	心一堂編	
3	易占陽宅六十四卦秘斷	心一堂編	火珠林占陽宅風水秘鈔本

星命類

編號	書名	作者	說明
4	斗數宣微	【民國】王裁珊	民初最重要斗數著述之一；未删改本
5	斗數觀測錄	【民國】王裁珊	失傳民初斗數重要著作
6	《地星會源》《斗數綱要》合刊	心一堂編	失傳的第三種飛星斗數
7	《斗數秘鈔》《紫微斗數之捷徑》合刊	心一堂編	珍稀「紫微斗數」舊鈔秘本
8	斗數演例	心一堂編	
9	紫微斗數全書（清初刻原本）	題【宋】陳希夷	斗數全書本來面目；有別於錯誤極多的坊本
10－12	鐵板神數（清刻足本）——附秘鈔密碼表	題【宋】邵雍	無錯漏原版　秘鈔密碼表　首次公開！
13－15	蠢子數纏度	題【宋】邵雍	蠢子數連密碼表　打破數百年秘傳　首次公開！
16－19	皇極數	題【宋】邵雍	清鈔孤本附起例及完整密碼表　研究神數必讀！
20－21	邵夫子先天神數	題【宋】邵雍	附手鈔密碼表　研究神數必讀！
22	八刻分經定數（密碼表）	題【宋】邵雍	皇極數另一版本；附手鈔密碼表
23	新命理探原	【民國】袁樹珊	子平命理必讀教科書！
24－25	袁氏命譜	【民國】袁樹珊	
26	韋氏命學講義	【民國】韋千里	民初二大命理家南袁北韋
27	千里命稿	【民國】韋千里	
28	精選命理約言	【民國】韋千里	北韋之命理經典
29	滴天髓闡微——附李雨田命理初學捷徑	【民國】袁樹珊、李雨田	命理經典未删改足本
30	段氏白話命學綱要	【民國】段方	民初命理經典最淺白易懂
31	命理用神精華	【民國】王心田	學命理者之寶鏡

32	命學探驪集	【民國】張巢雲	發前人所未發　稀見民初子平命理著作
33	澹園命談	【民國】高澹園	
34	算命一讀通——鴻福齊天	【民國】不空居士、覺先居士合纂	
35	子平玄理	【民國】施惕君	
36	星命風水秘傳百日通	心一堂編	
37	命理大四字金前定	題【晉】鬼谷子王詡	源自元代算命術
38	命理斷語義理源深	心一堂編	稀見清代批命斷語及活套
39－40	文武星案	【明】陸位	失傳四百年《張果星宗》姊妹篇　千多星盤命例　研究命學必備
相術類			
41	新相人學講義	【民國】楊叔和	失傳民初白話文相術書
42	手相學淺說	【民國】黃龍	民初中西結合手相學經典
43	大清相法	心一堂編	重現失傳經典相書
44	相法易知	心一堂編	
45	相法秘傳百日通	心一堂編	
堪輿類			
46	靈城精義箋	【清】沈竹礽	沈氏玄空遺珍　玄空風水必讀
47	地理辨正抉要	【清】沈竹礽	
48	《玄空古義四種通釋》《地理疑義答問》合刊	沈瓞民	
49	《沈氏玄空吹虀室雜存》《玄空捷訣》合刊	【民國】申聽禪	
50	漢鏡齋堪輿小識	【民國】查國珍、沈瓞民	
51	堪輿一覽	【清】孫竹田	失傳已久的無常派玄空經典
52	章仲山挨星秘訣（修定版）	【清】章仲山	章仲山無常派玄空珍秘　門內秘本首次公開　沈竹礽等大師尋覓一生未得之珍本！
53	臨穴指南	【清】章仲山	
54	章仲山宅案附無常派玄空秘要	心一堂編	
55	地理辨正補	【清】朱小鶴	玄空六派蘇州派代表作
56	陽宅覺元氏新書	【清】元祝垚	簡易・有效・神驗之玄空陽宅法
57	地學鐵骨秘　附　吳師青藏命理大易數	【民國】吳師青	釋玄空廣東派地學之秘
58－61	四秘全書十二種（清刻原本）	【清】尹一勺	玄空湘楚派經典本來面目　有別於錯誤極多的坊本

編號	書名	作者	簡介
62	地理辨正補註　附　元空秘旨　天元五歌　玄空精髓　心法秘訣等數種合刊	【民國】胡仲言	貫通易理、巒頭、三元、三合、天星、中醫
63	地理辨正自解	【清】李思白	公開玄空家「分率尺、工部尺、量天尺」之秘
64	許氏地理辨正釋義	【民國】許錦灝	民國易學名家黃元炳力薦
65	地理辨正天玉經內傳要訣圖解	【清】程懷榮	秘訣一語道破，圖文并茂
66	謝氏地理書	【民國】謝復	玄空體用兼備、深入淺出
67	論山水元運易理斷驗、三元氣運說附紫白訣等五種合刊	【宋】吳景鸞等	失傳古本《玄空秘旨》《紫白訣》
68	星卦奧義圖訣	【清】施安仁	三元玄空門內秘笈　清鈔孤本 過去均為必須守秘不能公開秘密 與今天流行飛星法不同
69	三元地學秘傳	【清】何文源	
70	三元玄空挨星四十八局圖說	心一堂編	
71	三元挨星秘訣仙傳	心一堂編	
72	三元地理正傳	心一堂編	
73	三元天心正運	心一堂編	
74	元空紫白陽宅秘旨	心一堂編	
75	玄空挨星秘圖　附　堪輿指迷	心一堂編	
76	姚氏地理辨正圖說　附　地理九星并挨星真訣全圖　秘傳河圖精義等數種合刊	【清】姚文田等	
77	元空法鑑批點本——附　法鑑口授訣要、秘傳玄空三鑑奧義匯鈔　合刊	【清】曾懷玉等	蓮池心法　玄空六法 門內秘鈔本首次公開
78	元空法鑑心法	【清】曾懷玉等	
79	曾懷玉增批蔣徒傳天玉經補註【新修訂版原（彩）色本】	【清】項木林、曾懷玉	
80	地理學新義	【民國】俞仁宇撰	
81	地理辨正揭隱（足本）　附連城派秘鈔口訣	【民國】王邈達	揭開連城派風水之秘
82	趙連城傳地理秘訣附雪庵和尚字字金	【明】趙連城	
83	趙連城秘傳楊公地理真訣	【明】趙連城	
84	地理法門全書	仗溪子、芝罘子	巒頭風水，內容簡核 深入淺出
85	地理方外別傳	【清】熙齋上人	巒頭形勢、「望氣」 「鑑神」
86	地理輯要	【清】余鵬	集地理經典之精要
87	地理秘珍	【清】錫九氏	巒頭、三合天星，圖文 並茂
88	《羅經舉要》附《附三合天機秘訣》	【清】賈長吉	清鈔孤本羅經、三合訣 法圖解
89-90	嚴陵張九儀增釋地理琢玉斧巒	【清】張九儀	清初三合風水名家張九 儀經典清刻原本！

91	地學形勢摘要	心一堂編	形家秘鈔珍本
92	《平洋地理入門》《巒頭圖解》合刊	【清】盧崇台	平洋水法、形家秘本
93	《鑒水極玄經》《秘授水法》合刊	【唐】司馬頭陀、【清】鮑湘襟	千古之秘，不可妄傳匪人
94	平洋地理闡秘	心一堂編	雲間三元平洋形法秘鈔珍本
95	地經圖說	【清】余九皋	形勢理氣、精繪圖文
96	司馬頭陀地鉗	【唐】司馬頭陀	流傳極稀《地鉗》
97	欽天監地理醒世切要辨論	【清】欽天監	公開清代皇室御用風水真本
三式類			
98-99	大六壬尋源二種	【清】張純照	六壬入門、占課指南
100	六壬教科六壬鑰	【民國】蔣問天	由淺入深，首尾悉備
101	壬課總訣	心一堂編	過去術家不外傳的珍稀六壬術秘鈔本
102	六壬秘斷	心一堂編	
103	大六壬類闡	心一堂編	
104	六壬秘笈——韋千里占卜講義	【民國】韋千里	六壬入門必備
105	壬學述古	【民國】曹仁麟	依法占之，「無不神驗」
106	奇門揭要	心一堂編	集「法奇門」、「術奇門」精要
107	奇門行軍要略	【清】劉文瀾	條理清晰、簡明易用
108	奇門大宗直旨	劉毗	天下孤本　首次公開　虛白廬藏本《秘藏遁甲天機》
109	奇門三奇干支神應	馮繼明	
110	奇門仙機	題【漢】張子房	
111	奇門心法秘纂	題【漢】韓信（淮陰侯）	奇門不傳之秘　應驗如神
112	奇門廬中闡秘	題【三國】諸葛武侯註	
選擇類			
113-114	儀度六壬選日要訣	【清】張九儀	清初三合風水名家張九儀撰日秘傳
115	天元選擇辨正	【清】一園主人	釋蔣大鴻天元選擇法
其他類			
116	述卜筮星相學	【民國】袁樹珊	民初二大命理家南袁北韋
117-120	中國歷代卜人傳	【民國】袁樹珊	南袁之術數經典